Google
AdSense
マネタイズの教科書
［完全版］

のんくら（早川修）/a-ki/ 石田健介 / 染谷昌利

日本実業出版社

はじめに

　あなたがこの本を手にしたということは、おそらく「Google AdSenseで安定した収益を得たい」「オーソリティーサイトを作ってみたい」と思っているからだと思います。

　私はこの本の著者の1人である、のんくら（早川 修）です。AdSenseをテーマにした本を書いたのは、この本の著者たちで開催した「10年先も生き残るAdSense戦略」というセミナーがきっかけです。

　このセミナーは、「オーソリティーサイトの構築」「AdSenseの収益向上策」「収益が安定するAdSense戦略」という3つのテーマに沿って、招待制の少人数で開催しました。

　おかげさまでセミナー終了後から「オーソリティーサイトを作る」「これはランチェスター戦略のような弱者の戦略だ」「カテゴリーページが重要だ」など、私たちがセミナーでお話しした内容が口コミでだんだん広まっていると感じています。しかし、セミナーでは時間の関係から、すべてのノウハウをお話しすることができなかったことが心残りでした。

　その後、私は他のいろいろなセミナーに参加してきたのですが、そこでは表面的な部分しか話されておらず、「これでは本当に稼ぎ続けたいユーザーのためにならないのではないか」ということを、ずっともどかしく思っていました。そこで、私たちがセミナーで話したノウハウはもちろんのこと、さらに踏み込んだ部分も思い切って本に書いてしまおうとしたわけです。ノウハウを惜しげなく出すことは自らのビジネスのネタを公開することになりますが、その結果、ネット上にいい作品（サイト）が生まれたら、それは素晴らしいことですから。

　このセミナーの後に行なった半年間のワークショップは、AdSenseサイトを1から作るといった内容だったのですが、そちらも多くの方々に参加していただき、大好評を得ることができました。1回のワーク

ショップは90分で構成され、全6回の指導と半年間のフォローアップの結果、ワークショップの終盤になると素晴らしいAdSenseサイトが次々と完成しました（生徒のみなさんが実際に作ったサイトをこの本の中でいくつか紹介しています）。

　私たちがみなさんに知ってほしいのは、しっかりとサイトを構築する方法を身につけることができれば、それは10年間は使えるノウハウになる、ということです。

　これまで出版されてきたGoogle AdSenseに関する本の多くは、どうやれば収益が増やせるのかといった「稼ぐためのノウハウ」を中心に書かれたものが大半ですが、この本は「Google AdSenseの収益が安定する『オーソリティーサイト』作成のノウハウ」を中心に書いています。オーソリティーサイトとは、「ナンバー1ではなくオンリー1のコンテンツがある」「『○○といえばこのサイト！』と一番に思い出してもらえる」サイトのことをいいます。

　この本には、「はじめてすぐに100万円を稼げる！」といった夢のようなノウハウはありません。この本でお伝えしたいのは、末永く使われ続けるサイトだけが修得できるという「マネタイズの王道」です。本書では、その考え方をきちんと学ぶことができるようになっています。この本を読み終わったときには、Google AdSenseで着実に収益を積み重ねていくことができる、サイト運営のノウハウが身についていることでしょう。

　『マネタイズの教科書』という主題の通り、本書ではGoogle AdSenseが持つさまざまなポテンシャルを、「稼ぎ続ける」という観点から解説しています。

　私、のんくらが担当したChapter_1 ～ Chapter_3では、「収益を安定して伸ばす考え方とテーマの選び方」「AdSenseサイトのSEO戦略」「アクセスが安定して集まる具体的なサイト構築の方法」を紹介しています。昨今の目まぐるしいネットビジネスを取り巻く状況の中、一体何が起きていて、これからどうなっていくのか、そして具体的にどう考え、

動いていけばいいのかを説いています。

石田健介さんが担当したChapter_4では、Google AdSenseチームにいた筆者だからこそ書ける、「稼ぎ続ける」サイトにおけるAdSenseについて、市場動向、最新のプロダクトの状況、実装方法から効果測定までを掘り下げて解説します。

a-kiさんが担当するChapter_5では、この本の要諦である「オーソリティーサイト」の構築術を余すところなく紹介します。稼ぎ続けるサイト運営を続けるために必要になる知識や考え方をふんだんに盛り込みました。

最後にChapter_6ではメンタルの保ち方を、再び私のんくらが解説します。安定してAdSenseで稼ぎ続けるために、核となる考え方、困難にぶつかったときの解決法についてアドバイスをしていきます。

染谷昌利さんには、インターネットからの集客や収益化、アフィリエイトを中心としたインターネット広告の専門家の視点から、本書の全体的な構成、監修役を担っていただきました。

「Google AdSenseで稼ぎ続ける」ための具体的なノウハウが詰まった本書が、少しでもみなさまのお役に立てるようであれば望外の喜びです。

2018年11月吉日

のんくら（早川 修）

Google AdSense マネタイズの教科書［完全版］ 目次

はじめに

Chapter_1

長期間アクセスが集まり続ける「テーマ」の選び方

Google AdSenseは大きく稼げない?　12

収益は「上げる」より「維持」が難しい　14

「数が勝負」の考え方では大きくは稼げない　17

アクセス数は「テーマ選び」で9割決まる　20

テーマが決まったらやるべきこと　35

Chapter_2

アクセス数を安定させる「SEO戦略」

検索ユーザーだけに頼っていると、
アクセスはいつまでたっても安定しない　42

順位を上げてアクセスを集める、具体的なノウハウ　47

Googleのアルゴリズムを意識したコンテンツ作り　50

ロングテールは狙うものではなく、結果的に拾われるもの　51

アクセスが多い、複合ワードを狙う　53

検索結果の1ページ目に入ったら、次は上位を狙おう　55

順位決定に最も影響するユーザーの行動とは?　57

検索結果で自分のサイトのクリック率を上げるコツ　60

記事には答えだけでなく質問も記載する　65

即離脱を減らして順位を上げる　67

サイトの滞在時間を延ばす方法　72

SEO戦略のまとめ　75

Chapter_3

読者にも検索エンジンにも好まれる「サイト構築法」

良質なコンテンツって、いったい何?　80

リピーターを増やし、安定するサイトを目指そう　87

「コンテンツの表示速度が重要」の本当の理由とは?　89

目次の役割と項目の最適化　96

サイトデザインとユーザビリティの考え方　99

理想的なサイト構造とは?　100

これからの時代は
コンセプトや構造が優れたサイトが生き残っていく　101

ハイブリッド構造とは?　104

10年先も生き残るAdSenseサイト構築　115

各コンテンツを公開した後にチェックしておくこと　141

Chapter_4

稼ぎ続けるための「AdSense」の運用方法

インターネット広告の市場動向　148

ディスプレイ広告からネイティブ広告へ　152

ネイティブ広告とは何か?　159

AdSenseネイティブ広告の活用方法　165

ディスプレイ広告の活用方法　181

自動広告の活用方法　190

レポートの見方、効果検証の方法　196

Chapter_5

「オーソリティーサイト」に なって信頼と権威を 積み重ねよう

オーソリティーサイトとは何か？　220

情報が主役のサイト（＝情報サイト）を作ろう　223

テーマ設定と情報収集　225

フロー情報とストック情報　228

アウトプットを3形態で考えてみよう　232

ブログ型コンテンツ　235

完結型コンテンツ　238

ツール型コンテンツ　242

3つの形態を組み合わせる　248

競合対策の考え方　257

Chapter_6

10年先も安定して稼ぐために

リスクヘッジを意識したサイト運営　268

サイトの弱点を補って安定したアクセスを集めよう　273

AdSenseの最大の敵は一喜一憂する自分　275

躓きそうになったときの対処法　278

サイトが安定する情報が集まる思考　281

アクセスが集まるオーソリティーサイトを作ることで、可能性が広がる　282

おわりに

カバーデザイン　井上新八
本文デザイン　　浅井寛子

Chapter_1

長期間アクセスが集まり続ける「テーマ」の選び方

AdSenseで「稼ぎ続ける」ためには、
「テーマの選び方」が大切です。
今だけのテーマを紹介するのみでは、
ブームが去ればアクセスは一気になくなります。
AdSenseに「向く」「向かない」テーマの選び方を知ることで、一時の
流行に流されず、ずっと収益を生み出す
サイトを生み出すことができるようになります。

Chapter_1

Google AdSenseは大きく稼げない？

「Google AdSenseは労力に見合った収益が得られない」「大きく稼ぐには相当な作業量が必要だ」、そう思っていませんか？　AdSenseで稼げないと思ってしまう一番の理由は、稼ぐためにはたくさんのアクセスを呼び込む必要があり、そのためには大量の記事を書かなければいけないという先入観があるからではないでしょうか。果たして、AdSenseでは大きく稼ぐことはできないのでしょうか？

少ないアクセスで稼げるアフィリエイトのほうがいいの？

　アフィリエイト（成果報酬型広告）と違って、広告をクリックされるだけで収益になるGoogle AdSenseは、初収入に至るまでのハードルが低く初心者向けというメリットがある反面、サイトに莫大なアクセスを集めなければ大きく稼ぐことはできないというデメリットがネックと感じる人が多くいます。

　仮にAdSenseで月に30万円以上を稼ぐためには、クリック単価30円・ページCTR（Click Through Rate）1%とした場合、月に100万PV以上が必要となります。

　その上、AdSenseは広告が1回クリックされても10〜50円程度の報酬にしかならず、1件あたり数千〜数万円になるアフィリエイトと比べると、その単価の差は歴然です。少ないアクセスで稼げるアフィリエイトと比べると、労力の割に儲からないのでAdSenseを敬遠してしまう人が多いのはうなずけます。

記事を量産したりメンテナンスしたりする必要がない

収益性という面では、短期間で稼げるアフィリエイトのほうが魅力的かもしれません。しかし、アフィリエイトの最大の弱点は、こまめなメンテナンスが必要になるという点です。広告主の撤退や商品自体がなくなることも多く、コンテンツを放置すると情報が古くなってユーザーからの信頼を失ってしまいます。特に情報の新鮮さや正確さを維持しないとライバルにすぐ抜かれてしまうため、リライト（記事修正）が必要になるのです。

私はサイト運営をはじめてから最初の数年間は成果報酬型のアフィリエイトサイトがメインで、商品レビューなどの商材ありきの記事を量産する方法で収益を上げていました。この手法は初心者でもすぐにはじめられて成果に繋がりやすかったからです。

アフィリエイトの場合は「商材の旬がある」「広告主の撤退がある」ため、そのたびに記事を書き直して、商材を入れ替えるといったメンテナンスをずっと繰り返さなければならなかったことが、面倒くさがり屋の私にとってはとても苦痛な作業でした。

アフィリエイトをメインにしている方からすると、「Google AdSenseは単価が安く作業に使う時間とかけた労力に対してのリターンが見合わない」と感じてしまうかもしれません。しかし、記事を量産したりメンテナンスしたりする必要がなく**収益が何年も安定するノウハウ**があるとしたら、話はガラッと変わりませんか？

CHECK!

1. 大きく稼げないという思い込みや先入観をなくそう
2. AdSenseでもやり方次第で大きく稼げる
3. メンテナンスフリーのサイトを目指そう

Chapter_1

02 収益は「上げる」より「維持」が難しい

SNSなどで、ブログをはじめて半年も経っていない人が「100万円達成しました！」などという投稿しているものを見かけたことがあるかと思います。何も知らない人が見ると「アフィリエイトって簡単なのかな？」と錯覚してしまいますが、実は成功する人は全体の数％しかいないハードルの高いビジネスです。

アフィリエイトで継続して収益を上げるのは難しい

図1-1を見てください。アフィリエイトマーケティング協会（http://affiliate-marketing.jp/）のアンケートによると、2018年度のアフィリエイトでの1か月の収入は、全回答者2450名のうち「収入なし」が23.3％、「1000円未満」が14.5％、「月100万円以上」が9.9％となっています。

このデータから読み取れるのは、「アフィリエイトで収益を得るのは難しい」ということではありません。過去のアンケートをさかのぼってみて気づくのは、前年度よりも2018年の売り上げが伸びた人が36.8％しかおらず、2008年には100万円以上稼いでいた人が12.7％もいたのに、2018年には9.9％まで下がってしまっていることです。これはアフィリエイトで継続して収益を上げることがどれだけ難しいかを示しているといえます。

「質の高い」サイトをどれだけ丁寧に作り込めるか

アフィリエイトのビジネスモデルは、「広告主の撤退」「アフィリエイ

■ 図1-1 / アフィリエイトの1か月の収入（2008年と2018年）

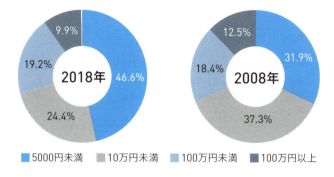

※出典：アフィリエイトマーケティング協会

トプログラムの終了」「Googleの検索アルゴリズムの変動」といった不可抗力的な要因に大きく影響を受けるため、1年先すら見通せない不安定なものだというのが私の考えです。

「じゃあアフィリエイトで生活していくのは無理なの？」と思ってしまうかもしれませんが、決してそんなことはありません。
　私自身もアフィリエイトで結果を出すまでの道のりには紆余曲折あり、変動の煽りを受けてアクセスや売り上げがゼロになったこともあります。そうなってしまった一番の理由は、収益を上げることだけに目を奪われ、**いい物やサービスを人に提供する先に利益がある**というビジネスの大原則を疎かにしてしまったからだと思っています。

　私はアフィリエイトをはじめて10年以上になりますが、これまで業界からフェードアウトしていくアフィリエイターたちを見ていて、ある共通点に気づきました。
　それは「収益が上がるサイトを安定して運営できなかった」という点です。ここで大事なのは「収益が」という言葉ではなく「サイトを」のほうです。当たり前のことのように聞こえるかもしれませんが、「サイトを安定させる」という行為は意外と難しいことなのです。

目指しているのは**「自動販売機のように放っておいても自動で稼いでくれるサイト」**であり、「完全に放置してもアクセスが落ちないサイト」です。安定した収益を得るための裏技や近道はありません。つまるところ、誰かの役に立って末永く使われる「質の高い」サイトをどれだけ丁寧に作り込めるかが大事なのです。

　ところが多くの方は、コンテンツを追加することをやめた途端に、アクセスも収益が下がってしまう方法で取り組んでいます。更新をやめても、「サイトのアクセスを安定させること」は、ノウハウを知っていないとできません。

　アクセスが安定することは収益が安定することに繋がり、それに見合った自由な時間も手に入れることができるでしょう。いつまでラットレースのように大量の記事を更新する日々を続けたいですか？

CHECK!

1. アフィリエイトで継続して収益を上げ続けられる人は少ない
2. 「安定させる」という行為は難しい
3. 更新をやめてもサイトのアクセスを安定させる方法がある

「数が勝負」の考え方では大きくは稼げない

「AdSenseは、記事をたくさん書いてそこに広告を貼っておけばそれなりに稼げる」という考え方をしている方がいるかもしれません。しかし、私は記事をひたすら量産し続ける方法で10年以上売り上げが伸び続けているサイトを見たことがありません。たしかに、AdSenseは記事を量産して広告をペタペタ貼っていくだけでも稼げます。しかし、そのやり方では稼げても月数十万円が限界で、月に100万円を超えることは難しいでしょう。では、どうすればいいのでしょうか？

「質」を評価される時代になり、個人でも大手に勝てる

今はコンテンツの「質」を評価される時代に変わってきています。「とにかく数をこなせばなんとかなる」というやり方が以前に比べて通用しなくなっているのです。

ここ数年でブロガーやアフィリエイターが一気に増えたことも、検索で上位を取ることが難しくなっていることの一因です。私自身も作業している中で、コンテンツにかける労力や時間が依然と比べてかかるようになったと実感することが多くなりました。

「量産で稼げなくなった」と聞くと、今後はAdSenseで稼ぐにはハードルが高くなっていくのではないかと思うかもしれません。しかし、それは考え方次第です。実は、個人や小さな会社にとって、**量より質の時代になっていることは追い風なのです。**

質より量が勝っていたこれまでの時代は、大手企業が圧倒的に有利でした。大手の潤沢なリソースに対して、個人や小さな会社のリソースで

は絶対に勝ち目はなかったからです

　しかし、質が求められる時代に変化した今、コンテンツの質で勝負できるということは、個人や小さな会社にとって工夫次第でいくらでも勝負できるようになったことを意味するのです。

　完全に組織化されていることが多い大手企業では個人の判断で物事を進めることは難しく、リライト作業ですらスピーディーに行なうことは容易ではありません。

　それに対して、個人や小さな会社は判断を個々でできるため、大手企業を圧倒するスピード感で行動することが可能です。大手企業にできないやり方を探し出し、それをスピーディーにこなす、これが個人や小さな会社が大手と勝負できる戦略の1つになるでしょう。

「アフィリエイト脳」から「AdSense脳」に切りかえよう

　このように、時代が変わっても、稼ぐための戦略を立てて真剣に取り組めば、AdSenseで毎月100万円を超える収益を稼ぐことは十分に可能です。

「とりあえず記事をたくさん書いてそこに広告を貼っておけば稼げるのがAdSenseでしょ」という考え方は、正しくもあり間違いでもあります。アフィリエイトの場合はユーザーに広告リンクをクリックしてもらったあと、さらに何らかのアクション（購入・資料請求・問い合わせなど）をしてもらう必要がありますが、AdSenseは広告をクリックするだけで成果になるところが大きく違います。成果報酬よりも収益が上がるまでのハードルはかなり低いのは確かなのですが、AdSenseもアフィリエイト同様に戦略次第で収益が大きく変わります。

　AdSenseで稼げていないサイトを見ると、適当な記事を書いて、広告も考えないで配置しているものが多いように感じます。これは、AdSenseで大きく稼ぐためには、とにかく記事を増やせばアクセスが集

まり、収益も上がるだろうと安易に考えているからかもしれません。

「AdSenseは記事を量産すればいい」といった考え方は足かせにしかなりません。成果報酬のアフィリエイト同様に、戦略性を持ったほうが安定して大きく稼ぐことができ、結果を出すまでの所要時間もかなり違ってきます。

　アフィリエイトの場合はいかにコンバージョン（申し込み）させるページを作れるかがポイントですが、AdSenseでは「安定」をキーワードに、すべてのページを作り込んでいくことが重要です。AdSenseの特化サイトは、テーマの選び方やコンテンツの作り方、コンセプトがアフィリエイト特化サイトとはまったく違うため、「AdSense脳」への切り替えが必要なのです。

CHECK!

1. 数をこなせば何とかなる時代は終わっている
2. 弱者の戦略なら強者にも勝てる
3. AdSense脳へ切り替えよう

Chapter_1

04 アクセス数は「テーマ選び」で9割決まる

流行りのテーマで記事を書いても、ブームが終わればアクセスはゼロになってしまいます。実績が積み重なるテーマを選ぶことが、伸び続けるサイトのポイントです。

収益が伸び続けるテーマ選びのポイント

　AdSenseサイトでは、テーマ選びを間違えるとアクセスが安定せず、収益が伸びなくなることがあります。この原因は、アクセス数が積み上がらないテーマで記事を書いてしまっているためです。つまり、常に新しい記事を書き続けないとアクセスが維持できない、いわば自転車操業の状態に陥っています。

　収益が「一定以上増えない」「安定しない」理由は、ユーザーの興味がなくなったら読まれなくなるテーマ、つまり賞味期限がある記事を書いてしまっているからです。こうした一時的なアクセスしか集められない記事は、数を増やせばアクセス数は増えるとしても、積み重なる収益を得ることはできません。

　修正やリライトが必要になるテーマも、AdSenseには向きません。必ずどこかのタイミングで作業時間の限界がやってきます。その理由は、記事数が増えれば増えるほど修正や管理に時間を取られてしまい、新しい記事を書く時間が確保できなくなるからです。

　10年先も生き残るためには、**放置した状態でも安定したアクセスが集められるテーマ**を選ぶことが重要です。アクセスが安定するかどうかは、テーマ選びの段階で9割以上決まるといっても過言ではありませ

ん。アクセスが積み重なる修正の必要ないテーマを選んで記事を書くという視点が、大きく稼ぐためには大切なのです。

　記事のテーマを選ぶときは、単なる思いつきで決めてしまわずに、時間をかけて慎重に決めることが大事です。
　これからテーマ選びのポイントを紹介します。

①流行り廃りのないテーマ

　AdSenseで大きく稼ぐには、いかに大量のアクセスを集められるかがポイントになります。ただ、多くの方が勘違いしているのは「何万回も読まれるようなキラーコンテンツを作り続けなくてはならない」と思っていることです。

　少し冷静に考えてみてください、アクセスが多いキラーコンテンツを何個も作ることは簡単にできるでしょうか？　アクセスの多いテーマ（キーワード）は多くのライバルが狙っているので、今の時代だとその中で検索上位を維持し続けるのは難しいでしょう。SNSを上手に使えば大量のアクセスは集められるかもしれませんが、それも一時的なアクセスでしかありません。

　私のサイトでも毎月、数万から数十万回読まれるキラーコンテンツがあります。しかし、意外に思うかもしれませんが、**キラーコンテンツのアクセス数は全アクセスのうちわずか数％**にしかなりません。アクセスの大半を占めているのは、月に数百、数千アクセスしかないコンテンツです。日々のアクセスを下支えするのはキラーコンテンツだけではないのです。

　月間100万アクセスを超えるサイトを作るには、1つ1つの記事のアクセスが少なくても構いません。情報に流行り廃りがなく、古くならないテーマを選びアクセスを積み重ねていくことが重要なのです。
　ちなみに、**流行り廃りがないテーマとは、極論をいえば「100年前も**

100年後も内容が変わらない」ものです。これがGoogle AdSenseで安定して稼ぐための理想のテーマとなります。

では、流行り廃りがないテーマで作ったサイトがどのようなものなのでしょうか？　その一例を紹介します。

▍図1-2 / 10年先でも生き残るテーマ

※参考サイト：鎌倉寺社めぐり（https://kamakurameguri.com）

このサイトは鎌倉の寺社巡りをテーマにした特化サイトです。このような神社仏閣系のテーマは10年以上先も生き残ることができるAdSenseにぴったりのテーマです。その他にもお城や湖なども実績が積み重なるテーマとして最適です。

流行りのお店（カフェ・レストランなど）や、新発売の電化製品（例：iPhoneやAndroidスマホ）、人気ゲームの攻略法といった世間の関心が高いテーマは、アクセスが集まりやすく書きやすいのですが、アクセスが積み重ならないのでAdSenseサイトのテーマとしてはおすすめできません。

誰でも簡単に書けるテーマはライバル（同業者）が多く、どうしても激戦区になってしまいます。誰でも作れるコンテンツは簡単に真似されるので、他の人がすぐに真似することができない内容で勝負することも10年先も生き残るためには大切なことです。

　私はサイトを運営しはじめたころに、記事の修正が必要になることを深く考えずにテーマを選んでしまったという苦い経験があります。

　私がはじめて作ったAdSenseサイトは地域のお店や施設を紹介する、おでかけ情報がテーマだったのですが、当時はライバルサイトが少なく、作りはじめて2年ほどで月間100万PV以上読まれる人気サイトに成長しました。あとは同じテーマで地域を変えて横展開すれば安泰だ……と思っていたのですが、結果的にはそうはなりませんでした。

　その理由は、3サイトほど横展開したころには、最初に作ったサイトの情報が古くなっており、チェック作業（間違い探し）や記事の修正作業に追われ、新しい記事を書く時間が確保できなくなってしまったからです。個人資本で経営しているお店や施設は閉店や閉鎖することが多く、お店の場合は閉店以外にも、営業時間が変わる、お店がリニューアルする、メニューや料金が変わるといったことが頻繁にあり、リライトが発生してしまったのです。

　電化製品は半年サイクルで新製品が発売され情報がすぐに古くなりますし、ゲーム情報に関しては対応するハードウェアが販売中止になるとそこで役目は終わりです。中古ソフトとしてコアなファンが使い続ける可能性はありますが、アクセスは全盛期より少なくなるのが普通です。

　こうした流行り廃りのあるテーマで記事を書いてしまうと、検索で上位表示されて大量のアクセスが集まってもブームが去るとアクセスは一気に下がってしまうことは目に見えています。これだと記事をずっと書き続けないとアクセス数が維持できませんし、収益も安定することはありません。

　流行り廃りのあるテーマの最大のデメリットは、古くなった情報の修

正ができていないとユーザーの信頼をなくしてしまうということです。目先の収益や一瞬だけのアクセス集めをテーマ選びの判断材料にしてはいけません。ユーザーを無視して数字を追いかけ過ぎると、調子が悪くなったときに焦りが生まれ、今しか稼げない記事を優先して書いてしまい、悪循環に陥る可能性があります。焦りは方向性を狂わせる最大の敵です。数字を追いかけず安定する方法をいつでも選択しましょう。

　不自然に手を加えないサイトは、結果が出るまでにそれなりの時間を要するのが普通です。大切なことは結果が出るまでの「スピード・量」ではなく、たとえ時間がかかったとしても「積み重なるコンテンツ」が作れているかどうかなのです。1年後にはなくなってしまう目の前の結果よりも10年先でも安定しているサイトです。

　サイトのアクセスを増やすには「更新記事数を増やせばいい」「1日に5記事を更新しよう」「まずは100記事書いてから」といった話をよく聞きます。今まではそれなりの記事を量産すれば結果は出せたのですが、記事の質が求められる時代に変わっているため、今までのやり方では稼げないのは容易に想像できます。

　私は10年以上続けてきたにもかかわらず、保有サイトの総ページ数は1500ページほどしかありません。年間平均の記事数は100本以下の計算です。これだけの仕事量でそれなりの結果が出せているということは、やはり、考え方と取り組み方次第なのでしょう。

②トレンド系はAdSenseには向かない

　流行りの情報を記事にする「トレンド系」のサイトがあります。誰よりも早く記事にして、短期間で大量のアクセスを集める手法です。そのような記事はアクセスを集めやすく、収益化も早いのですが、話題の旬が過ぎれば勢いが一気になくなってしまうため、AdSense向けのテーマではありません。

　例えば芸能人に関する似たような記事が、検索結果の数十ページにわ

たってズラリと並んでいるのを見かけることがありませんか。これは記事の出どころが同じだから金太郎飴のような記事ばかりになっているのです。果たしてゴシップ誌の内容をリライトしただけの内容が似かよったコンテンツなどいくつも必要なのでしょうか？

トレンド系ブロガーの数はすでに飽和していて、流行りそうなネタは誰よりも早く書かないと上位表示できない状況です。**情報が古くなる記事やチラシのような記事はいくら増やしても積み重ならない**ので、何度も繰り返し読まれる記事を増やすことは、安定化には重要なポイントです。ちなみに、1回限りしか読まれない記事のことを「チラシ記事」と私は定義しています。

今だけの1万PVではなく、末永く毎日読まれる100PVを積み重ねましょう。

③時代によって変化しないテーマ

「時代によって変化しないテーマ」で記事を書けば、修正やリライトをすることがなくなります。時代によって変化しないテーマもAdSense向けのテーマです。「価値」が下がらないテーマは、たとえわずかなアクセスしか集まらないとしても、アクセスが確実に積み重なりやすいので積極的に書くべきです。

例えば、「千葉県でアサリがたくさん採れる潮干狩り場を紹介！」といったテーマで記事を書くのではなく、「潮干狩りのノウハウとアサリをたくさん採るコツ！」というテーマで記事を書いたほうがいいでしょう。潮干狩り料金や海の家のメニューや値段、入場エリアの範囲などは数年も経てばガラッと変わってしまいますが、潮干狩りのノウハウやコツは10年前も今も10年後も変わらないからです。

④衣食住やライフラインに関係するテーマ

衣食住やライフライン関係もAdSense向けのテーマです。特にライフ

ラインに関係するテーマは、景気不景気に関係なく人が生きていく上で必ず必要とされるので、アクセスが安定しやすい傾向があります（ライフラインとは「電気」「水道」「ガス」「交通」「情報」などの生活に不可欠なインフラ設備のことを指します）。

ただし、衣食住やライフラインでも、**景気に影響されるテーマの場合はアクセスの波がある**ので注意しましょう。例えば嗜好品などは不景気になるとアクセスが減りますし、景気がいいとアクセスは増えます。もし景気に影響を受けるテーマでサイトを作るときは、相反するテーマで別のサイトを作っておくと、ブームによって補完関係が働くので安定しやすくなります。例えば、投資・貯蓄がテーマのサイトを作るならば、セットで社会保障・節約がテーマのサイトも作るといった感じです。

季節の影響を受けにくいテーマを選ぶことも、アクセスの安定化には重要なポイントです。例えばスキー・スノーボードや海水浴よりも、冠婚葬祭や子育ての悩みのほうが年間を通してアクセスは安定します。

ゲーム攻略や時刻表など、何かのアクションをしている最中に調べるテーマも避けたほうが賢明です。アクセスはあるのですが、サイトで調べものをした後は即座にもとの作業に戻ってしまい、広告をクリックしてくれません。

ゆっくりと調べものができる状況のユーザーを狙うというのは収益面を最適化するためには重要なポイントです。

⑤ユーザーのキャパシティが多いテーマ

1000人が興味を持つテーマと、100万人が興味を持つテーマでは、アクセスの集まり方も、結果が出るまでの労力も違います。

AdSenseでテーマを選ぶときは、ユーザーのキャパシティが多いテーマを選ぶことも重要です。AdSenseは大量にアクセスを集めるほど収益が比例して増えるため、**キャパシティの小さなテーマで大きく稼ぐことが難しい**ことはいうまでもありません。

キャパシティと聞くと、ツールを使って月間検索数の多いキーワード

▌図1-3 / AdSense に向くテーマとは？

安定化しないテーマ	安定化するテーマ
● 映画の試写会	● DVD化された映画の論評
● 街中のカフェ	● ホテルラウンジ、空港ラウンジ紹介
● 格安ホテル（airbnb）	● ハイクラスホテル
● テレビ（携帯、スマホ）、ゲームの攻略法	● 囲碁、麻雀、将棋
● 流行のファッション、着こなし	● 着物、着付け
● アイドルの振り付け	● フラダンス、タップダンス、フラメンコ

を探す方がいますが、世の中のアフィリエイターやブロガーがたくさんいる中で、他と同じ方法で果たして検索の上位を取れる可能性がどれほどあるのでしょうか？

後ほど「市場調査をしっかりと行なう」の項でも詳しく説明しますが、ネット上にすでに情報があふれている（ライバルが多い）テーマで勝負することの難易度が高いことは想像に難くありません。

ライバルと同じ手法で勝負すると、キーワードも記事の内容も似てしまうので、あまり効率がいい方法とはいえません。仮に上位表示ができたとしても、あなたのコンテンツはライバルに研究され、よりSEOを強化したコンテンツを作られ、いずれ順位を抜かされてしまうことは目に見えているからです。

⑥広告をクリックしやすいユーザー層が集まるテーマを選ぶ

AdSense向けのユーザー層があることをご存知でしょうか？

新規ユーザーだけが広告をクリックしているものと決め込んでいる方がいますが、必ずしもそうではないのです。

クリックしやすいユーザー層を対象にしたテーマにすると、収益向上が期待できます。当たり前ですが、クリックしない層は絶対にクリック

しません。逆をいえば、広告かどうかも区別ができないほどのネット初心者層なら何度でも広告をクリックしてくれます。

　AdSenseに特化したサイトは、自分のコンテンツページと広告ページの区別がつかないユーザー層が興味を持つテーマでサイトを作るのが理想的です。ただし、子ども相手のテーマはNGです。広告主の収益に繋がらないため、収益性も下がりますし、最悪の場合、いたずらクリックと誤認されてアカウント停止の可能性も高まります。

　つまり、**クリックされやすい層向けのテーマでサイトを作ること**がポイントです。男女、年齢層、職業などを考慮しましょう。特にIT関係者向けのテーマは、AdSenseの仕組みを知っている読者が多く、クリックされにくいのでテーマとしては外すべき対象です。

　パソコンで情報を調べる層は、実はAdSense向きのユーザー層です。「スマホで見る人＝忙しい人」で、目的を達成したら即座に離脱してしまいます。「パソコンで調べものをする人＝ゆっくり情報を見る時間がある人」なので、さらなる情報を求めて広告をクリックしてくれる可能性があるからです。

　「質の高いアクセス＝検索からのアクセス」と思っている人は多いのですが、それは過去の話です。AdSenseの場合は、読者の趣味嗜好に最適化された広告を配信するパーソナライズ広告があるので、検索エンジン経由かどうかは関係ありません。同様に同一訪問者は広告を何回もクリックしないともいわれていますが、広告が読者に自動的に最適化されて表示されるので、ユーザーの層さえ間違わなければ何回でもクリックしてくれます。

⑦適度なボリュームで収まるテーマを選ぶ

　長期間にわたって使われるサイトは、コンテンツ量が多過ぎても少な過ぎてもいけません。コンテンツ量が少な過ぎるとユーザーが満足せ

ず、逆に多過ぎるとWebサイトがいつまでたっても完成せずに中途半端になってしまい、ユーザーの信用を損ねてしまう可能性があります。

　無理やり記事数を減らせばいいということではなく、**丁度いいバランスのテーマ**を見つけましょう。全体の記事数が少なくても、アクセスが集まるサイトを作ると横展開がしやすくなります。複数のサイトを運営することは、万が一、1つのサイトの収益が激減した際のリスクヘッジとなります（安定化のためのリスクヘッジについてはChapter_6で説明しています）。

　例えばお城のサイトを作ろうと思ったとしましょう。そこで「世界のお城」をテーマにしてしまうと膨大なコンテンツ数が必要になってしまいますが、「日本のお城」に絞れば、手ごろなサイズ感のサイトが仕上がります（日本の山・日本の湖・日本の空港etc）。

　ボリュームの多いサイトで気をつけたいのはユーザビリティ（訪問者の使いやすさ）が悪くならないようにすることです。ユーザーが使ったときにコンテンツ数が多過ぎる場合、目的のページにすぐにたどり着けないという現象が起きやすくなります。結果、サイトが使いにくくなり、リピーターが増えない原因となってしまうのです。

　リピーターを増やすには、使いやすさは特に重要です。調べたい情報がすぐに見つかる、そんなサイト作りを目指してください。サイト全体のアクセスのうちリピーターの比率が低いサイトほど、テーマに対してのボリュームが多過ぎる傾向があります。結局、検索ユーザーからの集客に頼ってしまう、従来通りのサイト運営術に陥ってしまいます。

　トップページから最短で目的のページにたどり着けることを念頭においたサイトの構造になるよう、**1サイトあたりのボリュームは100ページ前後を目安に**作成するのが理想です。

⑧ライバル（アフィリエイター）が少ないテーマを選ぶ

　Google AdSenseのいいところは、ライバル（アフィリエイター）が

いないテーマを狙えることです。成果報酬型のアフィリエイトは、アフィリエイトサービスプロバイダーが扱っている商材に関係するテーマしか選べませんが、AdSenseの場合は選べるテーマは無限に存在します。

　ライバルのサイトが少なく需要の多いテーマを狙うことが、収益の安定化には重要なポイントです。書きたいテーマが見つかったら、いろいろな関連ワードを検索で調べて、どのようなライバルのサイトが表示されているか実際に確認しておきましょう。上位にはどんなサイトが表示されていますか？　次のことに注意して見てみましょう。

・アフィリエイターはいるか？　その多さは？
・ブロガーはいるか？　その多さは？
・「Yahoo! 知恵袋」や「教えて! Goo」はあるか？
・まとめサイトやキュレーションサイトはあるか？

　検索結果にアフィリエイターやブロガーが多いテーマだったときは、ライバルサイトの調査をしっかりと行ない、相対的に見て勝てそうなレベルかどうかを見極めて参入を決定しましょう。今のあなたの力量を超えるサイトの場合はパスしたほうが賢明かもしれません。
「Yahoo! 知恵袋」や「教えて! goo」が上位に多く出てくるテーマはチャンスです。これらのサイトは専門性が低く、ページ単位の情報量が少ないからです。内容の薄いコンテンツが上位表示されているときは、後発サイトでも短期間でコンテンツが上位表示できる可能性が高いので、狙い目といえるでしょう。

ライバル（アフィリエイター）が多かったときは？

　今の時代、ライバルがまったくいない市場など存在しません。ライバルがいても戦略次第では勝つことは十分に可能です。
　ライバルが多くてもそのテーマを選びたいときは、メインのテーマ（キーワード）をずらしたり、テーマを絞ったりする（サブキーワード

を含める）ことを検討しましょう。ライバルが多いテーマでも、あっさり上位表示できることもあります。

　例えば、「社会人に必要な能力」というメインテーマでサイトを作ろうとした場合、「社会人の必須スキル」というキーワードにずらしてみるなどです。能力もスキルも同義語ですからユーザーのキャパシティ自体は変わりません。

　また、月間のキーワード検索数がそれぞれどの程度の差があるのかを比べてみて、あまり大差がないようだったらずらしてもOKです。キーワードをずらす際はキーワードプランナーなどのツールを使って、キャパシティがどの程度あるかを必ず確認しておくことが大切です。

キーワードプランナー
https://adwords.google.co.jp/keywordplanner

　うまくいくかどうかわからず、**不安を抱えた精神状態での作業は継続することが難しい**ものです。そのテーマが稼げる可能性があるかは事前にチェックしておくべきで、成功を確信することでモチベーションを維持することが可能になります。

⑨運営者ではなくサイトそのものが評価されるテーマ

　サイトのアクセスを安定して集めるには、サイト自体の評価を上げることが大切です。1つのテーマに特化した専門のサイトを作って、サイトそのものが評価されるようにしましょう。

　これといった個性もない普通の人が人気ブロガーとして世間に評価されることは、みなさんが想像している以上にハードルが高く至難の業です。個性を前面に出したテーマで記事を書くのも悪くはないのですが、すでに有名なブロガーが存在し競争も激化していて、かなりのレッドオーシャン状態になっているのが普通です。

　このビジネスモデルの大きな欠点は、「人の興味関心には流行り廃り

があるため、新しいことをやり続けないと飽きられてしまうこと」と、「成功するには運的要素が強く影響するため、再現性が低い」ということが挙げられます。定期更新型の読み物系のテーマは、記事を書いてSNSに流せばアクセスが増えて楽しいのですが、更新をしないと減ってしまう「一時的なアクセス」なので収益が安定しない典型例です。

AdSenseのサイトでは、「その人のことが好きだから記事を読みにくる」といった個性を前面に出すことは、それほど重要ではありません。誰が書いているかよりも**サイトの専門性を高めることのほうが重要**で、「誰が作ったかは知らないけれど、このサイトなら正確な情報が手に入る」というものでいいのです。つまり、テーマ特化型のオーソリティーサイトにすることが、読者からサイト自体を評価されるポイントです。「これを調べたいときはこのサイトしかない！」と思ってもらえたら完璧です（オーソリティーサイトについては、Chapter_5で詳しく解説します）。

⑩大きな市場のテーマを選ぶ

ライバルの少ないニッチな市場だからといって、必ずしも大きなアクセスが集められるとは限りません。小さな労力で大きな結果が出せる市場を狙いましょう。

先ほど大きなキャパシティはAdSense向けのテーマだと書きましたが、市場が大きいテーマを選ぶことも同じく重要なポイントです。市場とキャパシティは意味が似ているように思いますが、キャパシティは簡単にいえばユーザーの総数のことで、市場は需要者と供給者がサービスやモノをやり取りする場所のことを指します。

例えば、ライバルが少ないからと、今からガラケーのサイトを作るのはAdSenseの戦略としては方向性が間違っています。市場規模が小さい上に、衰退していく市場をテーマにしたサイトの将来性はありません。

アフィリエイトの場合は、すでにライバルがいて激しい競争をしている大きな市場で勝負するよりも、ライバルの少ない小さな市場で勝負す

るのもありかもしれません。しかしAdSenseのサイトの場合は、市場の大きいテーマを選ぶことが重要なポイントで、大きな市場ほど少ない労力かつ短期間でアクセスを集めやすくなります。

この理由は、AdSenseは大きな市場でもライバル（アフィリエイター）が少ない場所が存在するため、アクセスが集まるテーマを無限に見つけ出すことができるからです。

小さな市場はライバルが少なく上位表示もされやすいというメリットはありますが、莫大なアクセスを集めるのが難しいというデメリットがあることを忘れてはいけません。大きな市場はライバルが多く避けたくなる気持ちはわかりますが、AdSenseのサイトの場合は**大きな市場を積極的に狙っていくほうがアクセスを集めやすい**のです。

ニッチな市場の本当の意味とは?

「初心者や後発組はニッチな市場を狙いましょう」という戦略を目にすることがありますが、AdSenseの場合はこの戦略を間違えて解釈してしまうと確実に失敗します。

ニッチな市場は単に規模の小さな市場という意味ではありません。ニッチは隙間という意味で、ビジネス界では「大企業が参入しない小さな市場」や「ニーズはあっても成熟していない市場」という2つの意味合いがあります。

アフィリエイトは前者を狙い、AdSenseの場合は後者を狙ったほうが収益に繋がりやすいことは明白です。アフィリエイトの場合は売れる商品を扱うことが鉄則なので、成熟していない市場で勝負すると苦戦しますし、AdSenseの場合は小さな市場で勝負するとアクセスが集まらなくて苦戦するというのがその理由です。

「ニッチな市場」に似た言葉で「ブルーオーシャン」というものがありますが、AdSenseでもこの戦略は有効です。AdSenseでブルーオーシャン戦略を狙う場合は、レッドオーシャンの中にある過剰競争エリアを避けたブルーオーシャンを創り出すことが重要です。レッドオーシャンを

避け、誰もいない海上を漂うことは、市場（需要）もライバルも存在しない場所へ行くようなものです。

多くの人が勘違いしていますが、ブルーオーシャンはレッドオーシャンからかけ離れた市場のことではありません。ライバルが多いレッドオーシャンのテーマだとしても、テーマを絞ってキャパシティを小さくしたりキーワードをずらしたりといったさまざまなブルーオーシャン戦略で、**レッドオーシャンでも勝つことが十分に可能**です。

ライバルがまったくいない市場など存在しませんし、仮にブルーオーシャンを創り出したとしても、時間が経てばライバルが増えレッドオーシャンになることはよくある話です。「ずらす」「変える」「加える」「引く」「抜く」「シフトする」といったさまざまな角度で思考を働かせてライバルとの差異化を図りましょう。

CHECK!

1. 10年先にコンテンツ修正が少ない不変のテーマを選ぼう
2. 広告をクリックしやすいユーザー層向けのテーマを選ぼう
3. ライバルが少ない大きな市場のテーマを選ぼう

Chapter_1

05 テーマが決まったら やるべきこと

テーマを決めたらサイトを作成します。作成に着手する前に、テーマ選定と市場調査に十分に時間をかけましょう。サイトがGoogleに評価されるまでには、それなりに時間がかかります。万が一、作ったサイトのテーマで稼げなかったとしたら、使った時間と労力はすべて無駄になってしまいます。それを防ぐためには、市場調査をしっかり行なってからサイト作成に取りかかることが大切です。

市場調査をしっかりと行なおう

　各コンテンツのメインキーワードを抽出したら、月間アクセス数がどの程度見込めそうかをキーワードツールなどであらかじめチェックしておきましょう。キーワードツールを使う目的は、アクセスが多いキーワードを探すためではなく市場規模を調査するためです。

　例えば、「会社員の常識と作法」というテーマのサイトを作りたいと思ったら、「電話の受け方」「クレーム対応」「ビジネス文書作成」「書類の保管の仕方」「プレゼンのコツ」といったページのタイトルに含ませるキーワードを抽出して月間検索数を調べます。

　各コンテンツのメインキーワードの月間検索数を合計すれば、選ぼうとしているテーマでサイトを作ったとき、**どのくらいのアクセスが見込めるか予測ができる**のです。目標のアクセスと収益を達成するのにどの程度の記事数が必要になるかの、おおよその目安にもなるでしょう。

　作りたいテーマが見つかったら、とにかく市場調査することを忘れないようにしましょう。AdSenseのサイトで稼げるかどうかは、どの市場で勝負するのかで決まると思ってください。

35

■図1-4 / こんなにある！　調査専門サイトの数々

- **調査のチカラ**(インターネットに公開されている統計情報を集約したサイト)
  http://chosa.itmedia.co.jp/

- **政府統計の総合窓口**(日本政府が調査したデータを公開しているサイト)
  https://www.e-stat.go.jp/

- **生活定点**(22年分の生活に関する消費者観測データ)
  https://seikatsusoken.jp/teiten/

- **矢野経済研究所**(矢野研究所が行なった調査結果が見られる、一部会員登録が必要)
  https://www.yano.co.jp/

- ・そのテーマに興味がある人はどの程度いるのか？
- ・これから先にキャパシティが増える見込み（成長の見込み）があるのか？
- ・ライバルアフィリエイターはどの程度いるのか？

　現状のキャパシティ（ユーザー）が少なかったとしても、市場が未成熟の（これからはじめたい、興味があるというユーザーがいる）場合は問題ありません。逆に、キャパシティが多くても、ライバルが少なければ同様です。市場の規模と現状のユーザーのバランスを見て判断しましょう。

クリック単価ではなくRPMを意識する

　AdSenseで大きく稼ぐには、**クリック単価よりもRPMを意識すること**が重要です（RPMについては39ページで詳述します）。クリック単価が高いテーマはライバルも多く、クリック率が低くなる傾向があるため、サイト全体の収益は思ったほど増えません。
　クリック単価の高いテーマを狙えば大きく稼げると考える人は多いのですが、それは正しくもあり間違いでもあります。AdSenseでクリック単価の高いテーマに、「転職」「金融」「株」「不動産」「美容」などライ

フタイムバリュー（生涯のうちに使う金額）が大きいテーマがあります
が、これらのテーマはアフィリエイターの激戦区でもあるため、アクセ
スを集めるのは容易なことではありません。

「では、高単価のテーマでサイトを今から作っても稼げないの？」と思
うかもしれませんが、実はそんなことはありません。先ほどの「転職」
「金融」「株」「不動産」「美容」という高単価ジャンルはアフィリエイト
の話です。あえて競合の多い高単価ジャンルを狙う必要がないのが
AdSenseのいいところです。

パーソナライズ広告を利用する

　Google AdSenseには、AdSense広告を掲載しているページのテーマ
に合致する広告を自動で選んで表示させてくれる「コンテンツターゲッ
ト広告」のほかに、「パーソナライズ広告」と呼ばれる、コンテンツと
は関連性のない内容を表示させる広告があるのをご存知でしょうか？

　パーソナライズ広告とは、訪問したユーザーの閲覧履歴を参照して、
その人の興味・関心が高いと思われる広告を自動で配信する仕組みのこ
とです。高単価の広告を表示させたいときは、このパーソナライズ広告
をうまく活用しましょう。

　例えば、金融系のAdSense広告が多く表示されるサイトを作りたいと
思ったら、アフィリエイターが多くてハードルが高い借金の法律相談の
サイトやキャッシングのサイトを作るのではなく、社会保障制度につい
てのサイトを作ればいいというわけです。図1-5のように、アフィリエ
イト商材がない社会保障に関するキーワードの検索上位には、アフィリ
エイターがほとんど参入していません。

　つまり、ピンポイントのペルソナ（ターゲットユーザー）でなくても
いいのが、パーソナライズ広告のいいところです。一見、社会保障制度
というテーマは金融系のテーマと関係がないように思えますが、生活保
障を受けようとする必要がある人の中には、経済的に苦しくてキャッシ
ングでお金を借りたいと思っている人もいるのです。

▌図1-5 / ライバルの少ないテーマなら高単価を狙える

Google　社会保障制度 問題点　　　　　　　　　🔍

すべて　ニュース　画像　ショッピング　動画　もっと見る　　設定　ツール

約 15,300,000 件 （0.56 秒）

近年の社会・経済状況と社会保障の課題点 | 一般社団法人平和政策研究所
https://ippjapan.org › IPP分析レポート ▾
2017/03/24 - こうした中で、**社会保障制度**が国民に十分に機能しているかどうかが**問題**となっている。ここでは、社会保障の内容とそれを取り巻く状況を概観し、家計（家族）（※1）、企業、政府部門ごとに課題点をまとめ、そこから政策の提言を行う。1.

社会保障制度の改革をしなければ日本は破綻します① ～社会保障の現状 ...
https://ameblo.jp/right2050/entry-12201813195.html ▾
2016/09/20 - そして、社会保険給付費は年金に約半分、医療に3割、福祉に2割という状況です。2006年と2015を比較すると年金、医療、... 次回は現在の**社会保障制度**が本来あるべき状況ではなく、**社会保障制度の問題点**や本来弱者であるはずの者を ...

[PDF] 社会保障の現状と課題
https://www.cas.go.jp/jp/seisaku/syakaihosyou/kentohonbu/dai1/siryou2.pdf ▾
社会保障制度の基本的考え方。我が国の福祉社会は、自助、共助、公助の適切な組み合わせによって形づくられている。その中で社会保障は、国民の「安心感」を確保し、社会経済の安定化を図るため、今後とも大．きな役割を果たすもの。○この場合、全て ...

[PDF] 第1章 我が国の社会保障の現状と問題点
https://www.mhlw.go.jp/toukei_hakusho/hakusho/kousei/1975/dl/03.pdf ▾

　例えば、メルセデス・ベンツやBMWの車種について紹介するサイトを作ったり、宝石をテーマにしたサイトを作ったりするなども1つの方法です。高級車や宝石に興味がある富裕者層や高所得者層をターゲットにしたテーマでサイトを作ると、「株」「FX」「不動産」といった高単価の広告が表示される可能性が高くなり、収益性の高いAdSenseサイトを作れるでしょう。

　「単価が高いキーワードでサイトを作れば、AdSenseは儲かるのか」という質問に対する答えは、「高単価の広告に興味を持つユーザー層が集まる、ブルーオーシャン戦略に合うテーマのサイトを作れば儲けることができる」です。ちなみに、コンテンツターゲット広告よりもパーソナライズ広告のほうが収益性は高いというデータが出ているので、設定画面を確認してパーソナライズ広告が非表示になっている人はすぐに解除しておきましょう。

AdSenseのサイトの場合、アクセス数を集めることが収益を増やす上で重要なポイントになりますが、1人あたりのページビューはあまり考える必要はありません。**出口はGoogle AdSenseのみが基本**なので、意味のないアクセス数をただ増やすよりもUU数（ユニークユーザー数）を増やすほうが収益に直結します。1人あたりのページビューを増やすことを目標にしてしまうと、無駄にページを分割したり意味のない関連広告や記事中にリンクを増やしたりといった、ユーザーが喜ばない余計な施策をしてしまうこともあります。

　AdSenseのサイトの場合は1ユーザー1ページビューでもまったく問題ありません。無駄にページ数を増やすことは見せかけのページビュー数は増やせるかもしれませんが、メンテナンスの作業が増えて運営効率が悪くなるだけです。それよりも、1ページでユーザーが完璧に満足するコンテンツに仕上げることにこだわるほうが、収益効率がよく、メンテナンスの少ないAdSenseサイトを作成することができます。

　AdSenseサイトの収益率を伸ばしていく上で意識するべきは、クリック単価よりも「RPM」です。RPMとは見積もり収益額をページビュー数で割り、1000 をかけた値のことです。要は1000回ページが表示された際の収益の見込額です。AdSenseで大きく稼ぐためには、この**RPMを意識してテーマを選ぶ**ことが重要なポイントになります。

　1日 のAdSenseページビューが500、ページRPMが1000円、収益が500円というサイトがあるとします。このサイトにおいて、仮にページRPMが1000円のままで、AdSenseページビューが1000になると収益は1000円となります。ただし、アクセスが少ないときのRPMは予想値なので、実際にそのアクセスになっても、それ以上やそれ以下の金額になることはよくあるため、あくまで参考程度に考えておくようにしましょう。

　RPMはCTR（クリック率）とCPC（クリック単価）を上げることで高めることが可能です。例えば、1日に1万アクセスが集まるサイトの場合、クリック率を0.1％上げるだけで1日あたり10クリックの差が出

る計算になります。1クリック50円とすると1日500円増え、1か月だと1万5000円も収益が上がることになるのです。

　AdSenseメインのサイトを作る場合は単価とともにCTRも重要で、CTRとCPCとのバランスがいいテーマを探すことがポイントです。高単価なら絶対に稼げるという思い込みはしないで、RPMを意識してテーマを決定しましょう。

CHECK!

1. 市場調査を行ない将来性があるテーマかどうかをチェック
2. 単価の低いテーマでもパーソナライズ広告をうまく活用して収益UPさせよう
3. RPMを指標に稼げるテーマなのかを見極めよう

Chapter_2

アクセス数を安定させる「SEO戦略」

検索からの集客だけに依存していると、
ライバルのサイトに検索順位を抜かれたり、
Googleの検索アルゴリズム変動を受けたりし、
翌月にはアクセスがゼロになることもあり得ます。
稼ぎ続けるためには「検索順位を維持してアクセスが
安定するコンテンツ」を作ることが不可欠です。

Chapter_2

06 検索ユーザーだけに頼っていると、アクセスはいつまでたっても安定しない

安定した収益を上げるために不可欠なのは、大量のアクセスを集めることです。しかし、多くのが人間違っているのが、「検索エンジンからの集客を中心に」アクセスを集めようとしていることです。

記事数を増やしてもアクセスが増えない?

　検索エンジンは、新規ユーザーを獲得するためには最適なツールです。集客力もSNSの比ではないため、ユーザーが検索からの集客に注力するといった考え方になるのは当然のことでしょう。しかし、**最近は検索に強いページ作りをしても、記事数を増やしても、アクセスが増えなくなった**という声を多く聞きます。いったいなぜなのでしょうか?

　理由は3つあります。1つはライバルが増えて記事のネタが重複することが多くなったこと。2つ目はSNSなどでSEOの情報やノウハウが誰でも簡単に手に入るようになったこと。そして3つ目は結果としてライバル（アフィリエイターやブロガー）の記事のレベルが以前に比べて上がったからだと考えています。

　サイトに記事を入れはじめたころは、書けば書くほどアクセスは増えたのに、記事が数百、数千と多くなるにつれて、不思議とアクセス数が比例して増えなくなった、という経験はないでしょうか?

　この理由は明確で、新規記事でアクセスが増えたとしても、アクセスが減る記事が増えているからです。つまり、増減のバランスが崩れてし

図 2-1 / ブログ全体のアクセス数が増えなくなってしまう現象

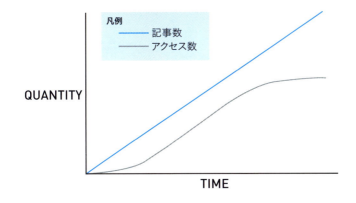

まっているのです。図2-1を見てください。

　過去に1位をとった記事でも、検索のアルゴリズムの変動や、ライバルがあなたよりも質の高い記事を作り込んでくると、検索結果の順位が下がりアクセスは減少します。つまり、アクセスが減るスピードが、新規記事によってアクセスが増えるスピードを上回った時点で、サイト全体のアクセスが増えなくなってしまう現象が発生しはじめるのです。

収益を安定化させるためにリピーターの獲得が重要

　この問題を解決するためには、評価が下がっている記事をリライトするか、アクセスが減る以上にアクセスを増やせる新規記事を書くしか方法はありません。しかし、自分自身ですべての記事を書いている個人アフィリエイターやブロガーの場合、時間的な理由から、この問題を解決することは不可能でしょう。

　仮に1日に5つの記事の検索順位が落ちていくとしても、それ以上の記事を、果たして1人で書けるのでしょうか。リソースのある大手企業ならば外部のリソース（外注）を使って新規記事を増やしたり過去記事を編集したりが可能かもしれませんが、個人ではまず無理でしょう。そこで、個人が収益を安定化させるためにリピーターの獲得が重要になっ

図2-2 / お気に入りユーザーを積み上げていく

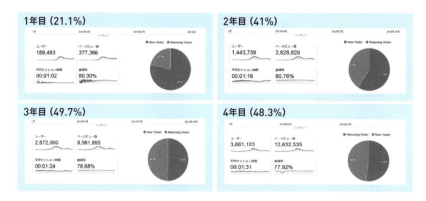

※筆者の管理画面

てきます。

　リピーターとは、検索からではなく、パソコンやスマホのブックマークから来る、いってみればあなたのサイトのファンのことです。
　検索から来た読者を、お気に入りユーザーやブックマークユーザーとしてリピーターにすることができれば、**検索アルゴリズムが変動しても影響を受けにくいサイト**になります。図2-2を見てください。
　1年目のリピーター（リターニングビジター）は全体の21.1％ですが、3年目には49.7％となっていることがわかります。仮に月間100万ページビューのサイトを持っている場合、検索の変動の影響を受けて検索からのユーザーが50％減ったとすると、リターニングビジターが21％のサイトのアクセスは40万PV減なのに対して、49％のサイトの場合は25万PV減となります。

　リターニングビジターの比率が高ければ高いほど、月間アクセス数のアップダウンが少なくなり、収益も安定していきます。

■ 図 2-3 / 集めたユーザーをがっちり掴む工夫を

	1年目	2年目	3年目	4年目	5年目	6年目	7年目
新規ユーザー	300,000	300,000	300,000	300,000	300,000	300,000	300,000
リターニングビジター	0	100,000	200,000	300,000	400,000	500,000	600,000
合計PV		400,000	500,000	600,000	700,000	800,000	900,000

■ どれくらいのリピーターに来てもらえればいいのか?

　リターニングビジターの目標比率は100％といいたいところですが、さすがに現実的な数字ではないので、理想としては70％以上を目指しましょう。比率を上げれば上げるほど、変動の煽りを受けても影響が少ないことはいうまでもありません。

　ちなみに、先ほどのデータで1人当たりのセッション数が少ないと思った方もいるかもしれません。ただ、リターニングビジターがいるということは時間差で何度も読んでくれていることになるので、1人当たりのセッション数は意識する必要はありません。リターニングビジターを意識していれば、その場限りの1人当たりのセッション数を増やすだけの小手先のテクニックなどは一切必要ないのです。

　図2-3のように、**リターニングビジターを底上げすることが将来の安定に繋がります。**1年目から3年目までは新規ユーザーの比率が高く検索頼みの状態で不安定ですが、7年目には全アクセスのうち66％がリピーターになっているため、検索順位が落ちても収益がいきなりゼロになることはまずありません。

　更新を一切しなくてもユーザーが増え続けるサイトにするには、サイトに訪れた人の大半をリターニングビジターにすればいいのです。これ

ならコンテンツ数も検索順位も変わらなくても毎年アクセス数は増え続けます。

　新規ユーザーを増やすことばかりに意識が向かっていませんか？　リターニングビジターを増やすことが安定した収益を上げるサイトを作るコツなのです。

CHECK!

1. 検索頼みのサイト運営から脱却しよう
2. アルゴリズムの変動の影響を受けにくいサイト運営を
3. リターニングビジターを増やし、安定化を目指そう

Chapter_2

順位を上げてアクセスを集める、具体的なノウハウ

ブログをはじめてしばらく経ってから感じることは、「思ったほどアクセスが集められない」ことではないでしょうか？　ネット上では「100記事を書けばアクセスが増える」「キーワードをしっかり設定すれば順位が上がりアクセスも増える」などといろいろといわれていますが、果たして本当なのでしょうか。

SEOのスキルは必須

SEOと聞くと、どういうことをイメージしますか？

Webでは検索の順位を上げることでより多くの人に読んでもらうことができるため、SEOは順位を上げるために欠かせない技術の1つであることはいうまでもありません。

SEOについては、「Googleの裏をかく技術」「低品質なコンテンツを無理やり上げる技術」など、ネガティヴなイメージを持っている人もいるかもしれません。しかし、検索の順位を上げることは多くの人にあなたの書いた記事を読んでもらうことができるということなので、**SEOはぜひ身につけてほしいスキル**です。

アルゴリズムの真実は「中の人」にしかわからない

SEOに正解はありません。仮にSEOの専門家と呼ばれる人の意見であっても、それが正しいとは限らないのです。なぜかというとGoogleのアルゴリズムはその多くが未公表だからです。専門家と称する人たち

の意見は、Googleの公式発表を聞いたり、蓄積した独自のデータを読み解き、仮定・推測をしたりしているだけのことに過ぎません。SEOの真実は、検索エンジンの開発者以外は誰も知らないのです。

つまり、**自分でデータ取って検証したSEOのみが真実**ということです。SEOに関する情報を入手したときは、自ら検証して本当かどうかを確かめてから導入することが大切です。

過去には、さまざまなサイトから大量のリンクを送るだけで順位が上がるという時代がありました。しかし、そういったアルゴリズムの裏をかく施策を重要視していたサイトの多くは、検索結果からすでになくなっています。今の時代は小手先のSEOを駆使して一時的に順位を上げる方法が見つかったとしても、コンテンツそのものが低品質だと順位を維持し続けることはできなくなったのです。

「検索の上位表示を狙ってSEOの専門家を目指しているの？」というほど研究している方も見かけますが、本来の目的を見失っています。順位を維持するためには、SEOの前に多くのユーザーに支持されて役に立つコンテンツを作る意識が大切です。そういったコンテンツはGoogleが求めているものなので、当然評価されます。

効果が高いといわれるものが本当なのかを検証する

そもそもSEOとは、Google独自のアルゴリズムをコンテンツに盛り込むことをいいます。タイトルにキーワードを盛り込むと順位が上がるとか、リンクが多いと順位が上がるとかいわれているのは、このアルゴリズムの1つでしかありません。これらのアルゴリズムは200以上あるといわれており、世界中のSEOの専門家が独自の調査研究を行なって、その見解を述べています。

ちなみに、アルゴリズムとは、質問を受け取り正しい答えを返すためのコンピュータのプロセスと数式のことを意味します。アルゴリズムの更新は頻繁に行なわれていて、検索ユーザーにとって最適な答えを提示

するために日々改良しているとGoogleは明言しています。つまり、ユーザーに対して的確な答えを示しているコンテンツを探し出すアルゴリズムをすべて取り入れることができれば、順位は必ず上がるということです。

では、「アルゴリズムを覚えてしまえば完璧なのでは？」と思った方がいるかもしれません。残念ですが、アルゴリズムの一部はGoogleから公式に発表されていますが、**ほとんどのアルゴリズムが非公開**となっています。

ネット上のSEO情報の中には、間違っているものや、SEOの専門家が独自のデータをもとに検証した単なる個々の推測論でしかないものがあることを頭に入れておかなければなりません。

100％信用できるSEO情報など世の中に存在しません。自分のサイトでデータを取って、効果が高いといわれるSEO施策が本当なのか検証していくことが大事です。

CHECK!

1. 検索順位を上げれば多くの人に記事を読んでもらえる
2. 100％信用できるSEO情報はネット上には存在しない
3. SEO情報は自ら検証して効果があるものだけを実装しよう

Chapter_2

08

Googleのアルゴリズムを意識したコンテンツ作り

いい記事を書くだけでは検索順位が上がらない時代になりつつあります。検索順位を決定するといわれているGoogleのアルゴリズムをコンテンツに盛り込んで、ライバルよりも上位表示を狙いましょう。

ライバルのコンテンツを研究してより強いSEOを施す

Googleは、ユーザーの求める質問（検索）に対する的確な答えが書かれたコンテンツを検索上位に上げるために、200項目以上のアルゴリズムをもとにインターネット上のコンテンツを評価しランクづけしていると説明しました。

SEO施策は即効性があるものもあれば、そうではないものもありますが、その効果に関係なく丁寧にコンテンツに反映させることで、Googleの評価が確実に高まります。特に、情報サイト系のコンテンツはキーワードや記事の内容がどれも似てくるので、**SEOが強いコンテンツに仕上げることがライバルよりも上位に表示させるコツ**です。

検索順位は相対的なものなので、自分より上位のライバルのコンテンツを研究してより強いSEOを施せば、順位を抜くことも可能です。「アルゴリズムに縛られるのは窮屈だ」と思うかもしれませんが、多くの人に記事を読んでもらうためにしっかり対策しましょう。

CHECK!

1. アルゴリズムは効果の大小関係なくコンテンツに盛り込む
2. 内容が似ているときは、SEOが強いほうが上位表示される

Chapter_2

09 ロングテールは狙うものではなく、結果的に拾われるもの

記事を書くときにキーワードを設定していると思いますが、最近は「弱者の戦略」と称してロングテールキーワードを意識している方が多いのではないでしょうか。実は、AdSenseのサイトに限っては、ビッグワードを積極的に狙ってコンテンツを作り込んでいくことが成功のポイントです。

ロングテールキーワードを狙うのは現実的には非効率

「ライバルが少ないロングテールキーワードで上位表示を狙いましょう」といわれることがあります。もちろん狙うという表現は誤りではないのですが、実際のところロングテールキーワードは狙うものではなく、**自然にGoogleが拾われるもの**です。

アクセス数が収益に比例するAdSenseでは、母数の多いキーワードを意識してコンテンツを作り込んでいくことが基本です。母数の多いメインキーワードを設定して、検索ユーザーが求める答えを記事にしっかりと書いていれば、わざわざ意識していなくてもロングテールキーワードは上位表示されるのです。

ロングテールキーワードを含めニッチなキーワードはライバルが少ないため短期間で順位を上げやすいのですが、1記事あたりのアクセスが少なく、記事を量産してアクセスを増やすしかありません。アフィリエイトの場合は少ないアクセスでも十分な収益を上げることは可能ですが、AdSenseサイトの場合はそうはいきません。

ロングテールキーワードを設定して書いた記事が資産として積み上がるテーマであれば、そのキーワードで記事を量産すれば莫大なアクセス数を稼ぐことは可能かもしれません。ですが、現実的には作業時間を相当費やしてしまうことになるため、非効率です。とくにフルタイムで働きながらサイト運営をされている会社員など、時間を多く使えない方にとっては不向きな手法だといえます。

ボリュームの多いビッグキーワードを狙って記事を書く

ビックキーワードに比べるとロングテールキーワードは上位表示が簡単ですが、順位を長期間維持するのは難しいというのが最大のデメリットです。ライバルが多いテーマの場合、より強いSEOを仕掛けられるとすぐに順位が落ちてしまいます。こういうコンテンツは資産として積み重なりません。少ないコンテンツで莫大なアクセス数を稼ぐためには、ロングテールキーワードではなく、検索ボリュームの多い**ビッグキーワードを狙って記事を書いて意図しない細かなワードを自然に拾わせる**ことがポイントになります。

例えば、「キャッシング」というキーワードでコンテンツを作ったとしたら、「キャッシング＋他のワード」や「キャッシング＋他のワード＋他のワード」、「キャッシングというキーワードが絡んだ文章」で検索に表示される可能性が高くなります。

母数の多い単一キーワードを設定して、それに関連する複合ワードを設定し、ユーザーを完璧に満足させるキーワード単位の文章を書く。月に表示回数が1000のキーワードの場合、上限は1000ですが、10万のキーワードの場合は10万PVの可能性があるのです。

CHECK!

1. ロングテールキーワードを狙って記事を書かない
2. 検索ボリュームの多い単一キーワードを設定しよう

Chapter_2

10 アクセスが多い、複合ワードを狙う

「ビッグキーワードで検索1位を取ってみたい」と考えている方は多いと思いますが、実はビッグな単一ワードで1位を取ったからといって、必ずしもアクセスが激増するとは限りません。複合ワードでも単一ワードよりアクセスが多いことがあるのです。アクセスが単一ワードで上げたほうが多いのか、複合ワードで上げたほうが多いのかを必ずチェックしておきましょう。

ビッグワードと一緒に検索されるワードを意識する

検索したユーザーが求めている答えと大きくかけ離れている（キーワードがぼやけている）記事の内容だと、**検索1位になっても思ったほどアクセスされない**ことがあります。基本的に1語で検索するユーザーはさまざまな答えを求めているので、Googleもどのコンテンツを上位に上げればユーザーが満足するかに関しては、今のところ正しくは判断できていないようです。

最近のGoogle検索の傾向は「季節」「時間」「検索している場所」といったさまざまな要素を予測して順位決定をしています。これは、Googleが人間と同じような頭脳を持ったのではなく、単にメインキーワードについて書かれたコンテンツから検索で拾われている複合ワードやロングテールワードの「検索回数」がメインキーワードの順位づけに影響しているだけだと考えています。

例えば、「夏休み」というキーワードで検索すると、春と夏とでは上位表示されているコンテンツがまったく違うのはご存知でしょうか？

夏に「夏休み」と検索すると旅行系やお出かけ系のサイトが多く表示されるのに対して、春に「夏休み」と検索すると求人系のサイトが多く表示されます。これは、春に検索ユーザーが「夏休み」というキーワードと絡めて検索するのが「アルバイト」というキーワードが多いからだと推測できます。

2015年からGoogleのアルゴリズムに曖昧な検索を推測することができる「Rank Brain（人工知能）」が採用されています。しかし、推測する情報（単語）が少ないときは、どうやら限界があるようです。

Rank Brainは完全な自動学習ではなく、人が手動で入力する情報を併用しています。その割合が高いため、検索結果で単一ワードを上位に上げるためには、単一ワードのみのSEOを施策するのではなく、ビッグワードと一緒に検索される複合ワードやロングテールワードを上げることも意識してコンテンツを作り込むことがポイントです。

CHECK!

1. 単一ワードでもアクセスが多いとは限らない
2. 複合ワードも意識してコンテンツを作り込もう

検索結果の1ページ目に
入ったら、次は上位を狙おう

検索からあなたのサイトへの集客を考えるなら、検索結果の1ページ目の上位に入ることが最低条件になります。なぜなら、月間検索数と検索順位によって、どのくらいのアクセスが集まるかがだいたい決まってしまうからです。検索から集客をしたいならば、まずは1ページ目に入ることが最低条件となります。検索上位に入るためのノウハウをしっかりと身につけましょう。

上位3位に入らなければ意味がない

検索上位3位までで検索ユーザーの半分以上が各サイトに訪れ、それ以降に表示されたサイトに訪問する率は激減します。つまり、上位3位に入らなければ、予測検索回数に近いアクセスは実現しないということです。

図2-4を見てください。どの検索エンジンにおいても上位5位までのサイトがユーザーの70％以上を獲得していることがわかります。

■ 図2-4 / 上位5位までのサイトがユーザーの70％以上を獲得している

検索順位	AOL (2006年)	Enquiro (2007年)	Chitika (2010年)	Optify (2010年)	Slingshot (2011年)	Chitika (2013年)	Catalyst (2013年)	Caphyon (2014年)
1位	42.3%	27.1%	34.4%	36.4%	18.2%	32.5%	17.2%	31.2%
2位	11.9%	11.7%	17.0%	12.5%	10.1%	17.6%	10.0%	14.0%
3位	8.4%	8.7%	11.4%	9.5%	7.2%	11.4%	7.6%	9.9%
4位	6.0%	5.1%	7.7%	7.9%	4.8%	8.1%	5.3%	7.0%
5位	4.9%	4.0%	6.2%	6.1%	3.1%	6.1%	3.5%	5.5%

200項目以上あるアルゴリズムの中で、重要度の高いと思われる施策を盛り込んでコンテンツを作ると、比較的早い時期に1ページ目に表示されることは多いと思います。そして、そこからの順位がなかなか上がらないというケースも少なくありません

　正確な理由まではわからないのですが、私の仮説としては検索結果やリンク先でのユーザーの行動が上位へ食い込む鍵になっているのではないかということです。私の見解ですが、1ページ目に入ってからさらに3位以内に入るには、検索結果やリンク先でのユーザーの行動が関係しているのではないかと考えています。

CHECK!

1. 検索上位の5位までのサイトが
   ユーザーの7割を獲得している

2. 検索の上位3位以内に入るには、サイト先での
   ユーザーのアクションが鍵

Chapter_2

順位決定に最も影響する ユーザーの行動とは?

「平均セッション継続時間」「ユーザーあたりのセッション数」「直帰率」は、たしかにユーザーの満足度を図る大事な要素だと思いますが、記事のテーマによってそれぞれの数字は増減することはよくあります。上位表示のための不自然な対策は、ユーザーにとってマイナスになることを忘れてはいけません。

ユーザーは目的が達成されたところで読むことをやめる

Googleのアルゴリズムが、ユーザーの行動をもとに順位づけをしているのかどうかについての真相はわかっていません。私は、サイト内でのユーザーの行動をもとに順位づけをしているアルゴリズムが採用されているという説を有力視しています。

私の保有するサイトでも、サイト内のユーザーの行動「平均セッション継続時間」「ユーザーあたりのセッション数」「直帰率」が優れたものほど上位になっている傾向があります。ユーザーの行動で代表的なものは、Googleアナリティクス内での「平均セッション継続時間」「ユーザーあたりのセッション数」「直帰率」といった項目から確認することができます。

「ユーザーに読まれるコンテンツほど検索に強い」というアルゴリズムは、今にはじまったことではないのかもしれません。実は以前からあって、数あるアルゴリズムの中で順位決定の比重が、被リンクからユーザーの行動パターンに移っただけなのかもしれません。このアルゴリズムはこの先も変わることはないと私は考えています。

「平均セッション継続時間」「ユーザーあたりのセッション数」「直帰率」は、たしかにユーザーの満足度を図る大事な要素ですが、記事のテーマによってそれぞれの数字は増減することは普通に起こり得ます。上位表示のための不自然な対策は、ユーザーにとってマイナスになる可能性があるので注意してください。

読み物系のコンテンツと調べもの系のコンテンツでは、そもそもユーザーが取る行動が違います。読み物系（ニュース・小説など）は何ページにもわたって記事を読むことがありますが、ネットで調べものをするユーザーは目的が達成されたところで読むことをやめてしまいます。

Googleではなく、ユーザーを向いてコンテンツを作る

長い目で見れば、上位表示のためだけの対策は、百害あって一利なしです。「平均セッション継続時間」「ユーザーあたりのセッション数」「直帰率」を上げることは、枝葉であって幹ではありません。

アルゴリズムは時代とともに変化します。では、アルゴリズムの変化に強いコンテンツを作るには、何を意識すればいいのでしょうか？

その答えは、「Googleではなく、ユーザーを向いてコンテンツを作る」ということです。ユーザーの満足を常に念頭に置いてコンテンツを作っていれば、アルゴリズムが変化しても大きな影響を受けることはありません。

Googleにとって「平均セッション継続時間」「ユーザーあたりのセッション数」「直帰率」が現時点での順位決定の重要な要素だとしても、ユーザーにとって意味がないアルゴリズムなのであれば、いつかは重要度が下がることは十分に想定できます。ところが時代が変わっても、満足したユーザーが必ず取る行動があります、それは、**画面を閉じる（セッションを切る）という行動**です。反対に、ユーザーが満足しないときに取る行動は、「検索からあなたのサイトに来たユーザーが即座に検索画面に戻る」というものです。

私自身が運営するサイトの多くは、「平均セッション継続時間」はそ

れなりにあるのですが、「ユーザーあたりのセッション数」と「直帰率」に関しては相当低いにもかかわらず、そのコンテンツが長期間にわたって検索上位に表示されています。これはユーザーが求めた100％に近い情報を提供できているからなのだと感じています。

　もし、あなたが検索で調べものをしようと思って、上位表示されたサイトへ訪問したところ、求めている情報がそのページに書かれていなかったとしたら……どうしますか？　そのときは検索画面へ戻って別のサイトへ訪問するでしょう。

　検索からきたユーザーにすぐに離脱されれば、「平均セッション継続時間」「ユーザーあたりのセッション数」「直帰率」、このすべての数字が当然低くなります。「平均セッション継続時間」は記事が読まれているかどうかの指標になります。「ユーザーあたりのセッション数」と「直帰率」に関しては、情報に満足すればそのコンテンツを読み終わった時点で離脱するのが当たり前なので、例え低くかったとしても特に問題はないと私は考えています。

　ユーザーあたりのセッション数が順位づけに影響を与えるとすれば、SEOのために無駄にページ数を増やす人も出てくるかもしれません。しかし、ユーザーにしてみれば無駄にページを分割した記事はユーザビリティが悪いだけです。

　記事が読まれる前にサイトからの即離脱を防ぐこと、これが最大のSEO対策なのです。

CHECK!

1. 検索に強いコンテンツとは
   ユーザーを100％満足させられるコンテンツのこと

2. ユーザーが満足したときの行動はセッションを切る、
   満足しないときの行動は検索画面に戻る

Chapter_2

検索結果で自分のサイトの
クリック率を上げるコツ

検索結果にずらりと並んだサイトの数々。その中からあなたの記事を
選んでもらうためには、工夫が必要です。目を引く刺激的なタイトル
は効果的ですが、Googleのアルゴリズムに対しては大きな影響を与
えません。ページタイトルは検索アルゴリズムと検索ユーザーの両方
に対して有益なものをつけることが大切です。しかし、実は検索順位
が1位になっていなくてもクリック率が上がる方法があります。上位
表示も大切ですが、それ以外もしっかりと対策してユーザーをたくさ
ん呼び込みましょう。

ページタイトルに使う用語でクリック率が変わる

　ユーザーにクリックされやすいページタイトルとは、いったいどのよ
うなものでしょうか？　それは、知りたい答えが記事内に書いてあるこ
とがわかり、かつ記事に書かれた内容が端的にわかりやすく表したもの
です。ページタイトルはランキング要素に影響しているため、**アルゴリ
ズムに沿ったタイトルづけ**をしましょう。

　ページタイトルや記事には、専門用語や難しい用語・表現は使わない
ほうがいいといわれています。しかし、この法則を鵜呑みにしてしまう
と、検索画面でのクリック率を下げる大きな要因になってしまいます。
実は、ページタイトルに専門用語を使ったほうがいいときと悪いときが
あるのです。

　ページタイトルに使う用語の使い分けの基準は、対象となるユーザー
層です。例えば、初心者レベルの知識や経験が乏しい人、これから理解
しようとしている人であれば、誰にでも意味が理解できるやさしい用語

にしたほうがいいでしょう。逆に、熟練者がターゲット層の場合は、専門用語や学術用語を使った難しいタイトルのほうが好まれます。

　また、廃語や死語といった言葉を含んだページタイトルをつけてしまうと、「情報が古い」という印象を与えてしまいます。時代に沿いつつも時代変化の少ない表現で、ユーザー層（職業・年齢・性別など）に好まれるタイトルをつけるように意識しましょう。

ページタイトルには質問だけでなく、答えも含ませる

　ユーザーが検索する際に入力するキーワードは、基本的には「質問のワード」です。ページタイトルに検索上位に表示させたいキーワードを入れることは、SEO効果が高いといわれています。そのため、タイトルに質問になるワードを必ず入れている方が多いのです。実は、質問になるワードだけでなく、答えになるワードや答えに近いワードを入れると、**クリック率を上げる効果がある**ことをご存知でしょうか。

　例えば、あなたが夜のデートに行く場所を探していて、「デート　おすすめ」で検索したとします。検索結果に「デートにおすすめのスポット」と「デートにおすすめの夜景がキレイなスポット10選」が表示されていたとしたら、果たしてどちらをクリックしたくなるでしょうか？

　サイト構築編でも詳しく説明しますが、検索ユーザーは短い時間で答えを求めています。具体的な答えや答えに近いワードを入れることで、ページタイトルを見た瞬間に「このページには答えが載っている！」と思ってもらうことができるのです。

ページタイトルは簡潔にする

　ページタイトルはできるだけ短く簡潔に、長くなるときは質問ワードと答えワードを前半部分に集中させることが、検索結果でクリック率を上げる秘訣です。

　Webユーザビリティの第一人者といわれているヤコブ・ニールセン博

士の見解をもとにすると、ユーザーは検索結果で最初からページタイトルをすべて読むわけではなく、ページタイトルの最初の数文字を流し読みして、気になったフレーズを含むタイトルだけを最後まで読んでることがわかりました。

ページタイトルの前半部分にキーワードを書くと検索順位が上がるというアルゴリズムがあるわけではなく、ユーザーのクリック率が上がるから順位が上がるのではいないかと考えています。

ページタイトルにキーワードを詰め込み過ぎない

検索結果でのクリック率が検索順位に影響するといわれていることから、タイトルの中にメインキーワード以外の検索順位を上げたいサブキーワードをいくつも盛り込んでつける方がいますが、この方法は個人的にはおすすめしません。

そもそも、メインキーワード以外に多くのサブキーワードがタイトルに入るということは、記事のメインテーマが大きくなり過ぎてSEOが弱くなってしまうことが多いからです。

基本的にはメインキーワードのみに言及して、書かれている記事ほどSEOがうまくいく傾向があります。テーマを小さくしたり新たにコンテンツを作ったり、サイト設計を見直したほうがいい結果につながります。

このように、1つのコンテンツにキーワードを詰め込み過ぎてメインキーワードがぼけてしまっている場合は、図2-5のように「1コンテンツ1キーワード」という理想の形に再構築しましょう。各キーワードを抽出して新たなコンテンツに切り分けることは、検索ユーザーが求める情報をピンポイントに伝えることができ、サイトの充実度を向上させることができます。

タイトルに含ませるキーワードを絞ることは、SEO対策の部分以外にも視覚的なメリットがあります。図2-6の画面は「犬　飼い方」の検索結果です。最近では多くの方が検索だけでなくSNSでの拡散も意識し、本のタイトルのような魅力的なものをつける傾向にあります。その

■ 図2-5 / ページタイトルにキーワードを詰め込み過ぎない

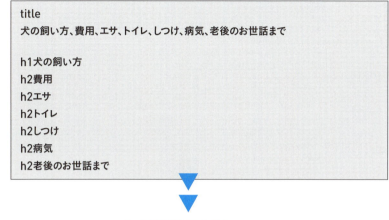

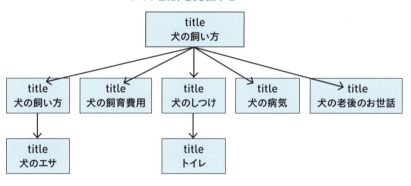

ため、長いタイトルをつけても検索結果でタイトルがあまり目立ちません。そこで、質問にも答えにもなるシンプルなタイトルをつけることで逆に目立つようになるのです。人と違う発想で考える、要するに逆転の発想をするということです。

ページタイトルを短くするには、**質問の答えにもなるフレーズ**が理想です。例えば、「犬の飼い方は？」といった感じのタイトルがそれにあてはまります。質問ワードは「犬の飼い方は？」で、答えのワードも「犬の飼い方」となりますね。「朝顔の育て方は？」でも、質問のワード

■ 図 2-6 / ユーザーはページタイトルの最初の数文字を流し読みする

も答えのワードも同じです。

　ちなみに、質問と答えが同じワードにできないときは無理に短くしなくてもかまいません。大事なことは質問と答えのキーワードをタイトルに盛り込んであるかどうか。そうすることで、「この記事には答えが書いてあるのではないだろうか」とユーザーに思ってもらえるのです。

CHECK!

1. 簡潔で誰にでもわかりやすいタイトルをつけよう
2. タイトルは質問にも答えにもなるワードを使う

記事には答えだけでなく質問も記載する

ユーザーが検索窓に入力する「質問」に対する「答え」は記事にしっかり書けているでしょうか。意外と見落としている施策は「質問」そのものが記事中に記述されていないことです。

答えしか書いていない記事はGoogleに理解されないことも

「質問のワード」や「答えのワード」は、検索で上げたい「title」「meta keyword」「meta description」に設定しているワードのことです。これらはコンテンツ内のメインキーワードをはじめ、サブキーワードに設定していることが多いと思います。これらのキーワードを記事内に必ず盛り込んで書くことが重要なSEO戦略の1つです。

Googleはそれらのキーワードと記事との関連性が高いコンテンツを上位に表示します。そのときに、関連性の判断に使われるのは「共起語」と呼ばれる特定の単語の周囲で頻繁に使われる単語です。基本的に、**質問のワードと答えのワードは共起語として関係性が高い**ものにします。

例えば、「豆腐とは？」という質問ワードに対する答えのワードを「食べ物である」「大豆からできている」「白色をしている」「味噌汁の具に使う食材」と設定したとします。質問があれば豆腐についての答えだとわかりますが、答えしかなかったとしたら何について書かれているか正確に判断できるでしょうか。豆腐以外にも湯葉だってこれらの条件にあてはまりますよね。

このように、答えしか書かれていない記事は、人間が読むと意味が理解できてもGoogleが理解できないことは十分に起こり得ます。

　Googleは特定のキーワードの前後にある共起語から言葉の意味や何について書かれた文章なのかを判断しているため、共起語が正確に使われていない記事はキーワードとの関連性が低いと判断されてしまう可能性が高まるのです。

「あれ」「これ」「それ」といった曖昧な表現を多用した文章でも、人間なら意味を理解できますが、Googleは前後に共起語がないと何について書かれているかなどまったく理解しません。

　Googleは「Rank brain」と呼ばれる人工知能を活用したアルゴリムや、言葉の意味や意図を理解できるといわれる「humming bird」を採用してから検索精度を大幅に向上させましたが、まだまだ人間のように理解することはできていないと感じることが多いです。

　検索上位のサイトほど、**記事内に質問が丁寧に盛り込んである**ものです。記事中には答えとなる文章の前後にユーザーが検索に打ち込む「質問」を丁寧に記述しておくようにしましょう。

CHECK!

1. **記事には答えだけでなく質問も記載しよう**

2. **メインキーワードの共起語を
丁寧に盛り込んで記事を書こう**

即離脱を減らして順位を上げる

サイトの直帰率・離脱率が高いからといって、必ずしも検索順位が下がるわけではありません。直帰率や離脱率は、そのサイトのテーマによって高くなるものや低くなるものがあるからです。

即離脱や直帰率よりも大事なことは?

「離脱率」とは、「そのページの離脱率÷そのページのアクセス数」で算出され、どのくらいの割合でユーザーが離脱したかを示す数値です。一方、直帰率とは最初に訪れたページ以外見られることなく、離脱に至った割合を指します。

例えば、電話番号の検索サイトなどの離脱率と直帰率は100%に近くなりますが、ニュースサイトなど、読み物を提供している系統のサイト類は逆に低くなるのが普通です。

直帰率や離脱率よりも大事なのは、検索結果の画面にユーザーがすぐに戻る、つまり「即離脱」です。即離脱はGoogleが良質なコンテンツではなかったという判断を下すには最もわかりやすいユーザーの行動になるため、絶対に避けなくてはいけません。

検索の上位に入るためには、**ユーザーを検索結果画面に戻さない**こと。そのためには、どのような対策を取ればいいのかを順番に見ていきましょう。

答えが書かれていることを瞬時にユーザーに伝える

最近は長文にすることが質の高い記事だと考える人が多くなり、答え

■ 図2-7 / キャッチーなタイトルとリード文を設置する

※参考サイト：美味しいメモ帳（https://www.oishii-memo.net）

にたどり着くまでの距離がどんどん遠くなっています。1記事あたりの文字数が多いほど上位表示に有利だという考え方が広まっているためです。

　とはいえ、私はこの考え方には反対の立場をとっています。記事がどれだけ素晴らしく書けていたとしても、記事内の求めている答えまでユーザーがたどり着けなかったとしたら、まったく意味がないからです。テーマ的にどうしても長文にならざるを得ないときがあると思いますが、そのときは即離脱を避けるために、ファーストインプレッションでユーザーに最後まで記事を読んでもらうための工夫が必要になってきます。

　即離脱を防ぐ有効な手段の1つが、図2-7のようにファーストインプレッションにキャッチーな（目を引く）タイトルと、記事の内容を説明するリード文（記事の要約・まとめ）を記載するというものです（要約のまとめ方についてはChapter_3で詳しく説明しています）。

記事が何について書かれているか、ファーストインプレッションで瞬時に訪問者に伝えることができれば、離脱率を大幅に減らすことができます。検索ユーザーは答えを早く求めているため、このような形にするのがいいのです。

　ただし、これは情報サイトの場合に有効なのであって、読み物サイトはこの限りではありません。

　また、記事の冒頭に自己紹介や挨拶文といった、質問や答えと関係のない主旨から外れた文章が書いてあるパターンをよく見かけます。これは検索ユーザーの即離脱を招くだけでなく、SEOの観点からも上位表示の要素とはならないのでやらないほうが得策です。

　このように、**ファーストインプレッションでユーザーの心をがっちり掴むこと**が、記事の中身まで読んでもらうための重要な対策になります。サイトに来たユーザーが「あなたのほしい答えがこのページに書いてある」ということを、瞬時にわかるようにしておきましょう。

　また、ヘッダー（タイトルバナーやメニューバーなどサイト内で共通する部分）から記事本文までの距離が遠くなっていないかどうかにも注意を向けましょう。

　例えば、ヘッダーと本文との間に大量の広告やサイト内の関連リンクなどがあって、本文が下へ下へと押しやられてしまっているパターンです。特にファーストビューに広告が過剰に貼ってあると、ユーザーエクスペリエンスが著しく損なわれるため、Google検索のランキング要素に影響する可能性があります。

　検索から来たユーザーがすぐに本文までたどり着けないデザインは、ユーザーのストレスになるため、即離脱につながる要因になります。パソコンの画面で見て問題がない場合でも、スマホの画面で見るとスクロールが長くなってしまっていることもあります。サイトを公開する前に実際に見てチェックしておきましょう。

ページ内リンク（目次）をつける

　即離脱を避けるための2つ目のコツは、ページ上部に訪問者が文章中の目的の箇所に瞬時に移動できる仕掛けである「目次」を作っておくことです。ページタイトルとリード文でユーザーをひきつけたあとは、**目的の情報まで最速でたどり着くための動線**を作っておきましょう。

　記事が長過ぎる場合、訪問者が目的の答えにたどり着くまでに時間がかかり、読むのを断念され、離脱の要因となります。それを改善できるのが目次です。目次には「ページ内リンク」を使用します。それによってリード文の下と本文の間に配置することでユーザビリティを向上させることができます。

　目次のテキストリンクは、検索結果で上位表示させたいサブキーワードを含んだ記事内の見出しにしますが、不必要に項目を増やす必要はありません。ユーザーが求める答えを瞬時に見つけられる項目数にするの

図 2-8 / 目次の例

がコツです（目次の作り方と見出しのつけ方は、Chapter_3で詳しく説明します）。

違和感を覚えさせないデザインにする

ファーストインプレッションでユーザーが違和感を覚えるデザインは、即離脱につながります。

例えば、「背景が灰色で文字が白色」や「いきなり動画や音楽が流れるWebサイト」「ページごとにデザインが変わり、凝った感を演出しているデザイン」といったものは要注意です。

他にも、「リンク色が黄色や赤といった一般で使われない色」「アスキーアート（罫線や記号・文字を組み合わせたもの）を使っている」「文字の大きさがバラバラ」「強調文字や太文字の多用」「無駄にカラフルな文字色」「アンダーラインの多用」「反転色の多用」といったものがあります。

コンテンツを美しく見せたい、オリジナル性を出したいという気持ちはわかりますが、**奇抜なデザインや使いにくい操作性はアクセシビリティ（利便性）を下げる**だけです。誰が見ても違和感のない、安心して利用できるデザインになるよう心がけましょう。

Yahoo! JAPANやGoogleといった利用者の多い人気サイトのデザインを参考にするのも1つの手です。

CHECK!

1. **ファーストインプレッションでユーザーの心を掴む工夫を**
2. **万人受けしない奇抜なデザインや仕様を避け即離脱を防ごう**

Chapter_2

サイトの滞在時間を延ばす方法

「滞在時間が長いコンテンツは良質だ」という思い込みをしていませんか？　滞在時間を延ばすために、テーマから逸れた無駄な文章を増やしても、訪問者の満足度は上がりません。大事なことは、記事を最後まで読んでもらうことです。テーマと関係性の低い記事になって途中で離脱されてしまっては本末転倒なのです。

ユーザーが求めていない答えは書かない

　サイトの滞在率を上げるには、検索ユーザーの求める答えを的確にわかりやすく文章化することが大切です。当たり前に感じるかもしれませんが、実は多くのサイトができていません。基本的に、検索するユーザーは質問に対する簡潔な答えを求めているので、ユーザーが求めていないことまで書く必要はなく、メインテーマに沿って端的でわかりやすい文章を書けばいいのです。

　メインテーマの主旨から脱線しそうなときは、そのページでは簡単な説明に留めておき、別に詳細を説明するページを作って内部リンクを貼ったほうがいい結果につながります。そもそも記事が長文になるということはメインテーマが大き過ぎる可能性があるので、メインテーマを分割できないか再考しましょう。

画像をうまく利用する

　画像が上手に配置されているコンテンツは、滞在時間が延びる傾向にあります。特に、画像と文章のバランスが大切です。

SNSやメールのやり取りで、絵文字や画像をたくさん使うことからも、文字だけのコンテンツだと冷たさや物足りなさを感じる人が多いのです。

ファーストインプレッションにコンテンツ全体をイメージさせる画像を置いておくことで、「ここに答えがある」と訪問者の潜在意識に訴えかけることができます。記事内にも適当な画像を置くのではなく、**画像自体にも意味を持たせて記事とマッチさせる**ことが大切です。

また、今ではパソコンのユーザーよりもスマホのユーザーの比率のほうが高くなっています。これは文章をじっくり読むのではなく、画像だけを流し読みする人が多くなっているともいえます。コンテンツ内に画像をバランスよく配置することで、ユーザーに視覚で答えを伝えることができます。

画像を配置するときのコツとしては、パラパラ漫画をイメージしてみるといいでしょう。画像をストーリー仕立てに配置すれば、文章を読まなくても調べものを解決させることだって可能です。

なんとなく文章と合いそうなフリー素材の画像を貼ったり、サイト内で同じ画像を何度も使い回したりしていませんか？　どれだけ素晴らしい記事を書いても、文意と関連していなければ画像を置く意味はありません。

用語をうまく使い分けることで滞在率を上げる

検索結果で自分のサイトのクリック率を上げるコツでも書いたのですが、ページタイトルと同様に記事に使う用語は対象となるユーザー層によって使い分けましょう。

初心者用のサイトで、専門家が使うような専門用語や難しい用語・表現を頻繁に使うと権威が高まって読まれるような気がしますが、実はその逆です。意味が通じず、ユーザーが離脱してしまう原因になります。逆に、熟練者がターゲット層の場合は、専門用語や学術用語を使った記

事が好まれます。

　対象ユーザーを考えずに書いた記事の最大のデメリットは、アクセスがまったく集まらないサイトになってしまうことです。初心者と熟練者とでは検索するワードがまったく違うからです。

　特に、初心者向けのテーマの場合は、中学生くらいの読者をイメージして書くことで、幅広い年齢層が読めるわかりやすい内容に仕上げることができます。

　対象ユーザーがわからない用語や文章の多用は、親近感がなく、作り手とユーザーの距離を遠ざけてしまうだけです。ユーザーに寄り添って書かれた記事は、評価も当然高くなります。

CHECK!

1. 記事はテーマから大きく逸れた内容になっていませんか？
2. 画像に意味を持たせて、視覚で答えを伝えよう

SEO戦略のまとめ

Chapter_2

17

SEOはコンテンツの順位を上げるためには必要不可欠ですが、ユーザーが求める答えを100％返せるコンテンツがあってこそ、効果を最大限に活かせます。いつの時代でもゆるぎないSEO戦略を持つことが継続的に稼ぎ続けるためには必要です。

ユーザーが100％満足するコンテンツとは？

　質の低いコンテンツをSEOで無理やり上げるよりも、質の高いコンテンツを作ったほうが、使う労力も消費する作業時間も結果的には少なくて済むのです。例えるなら、軽自動車にどれだけ馬力のあるエンジンを積んでも、速さを追求して作られたスポーツカーには安全性も含めた総合力で勝ることができないのと同じです。

　Google検索の進化はRank Brainの登場以降、めざましいものがあります。Googleの目指す方向が「ユーザーが求めている最適な答えを瞬時に提供できるようにすること」だとすれば、最強のSEOは「ユーザーが100％満足するコンテンツ」を作ることだといえるでしょう。

　それでは、ユーザーが100％満足するコンテンツとは、いったいどのようなものでしょうか？

「必要な情報が網羅されている」
「情報が正確」
「ボリュームが多い」
「理解しやすい流れ、構成になっている」

どれも間違いではありませんが、これらはすべて枝葉の話です。

検索から来たユーザーがあなたのサイトに100％満足するコンテンツがあるかどうかの判断は、ユーザーが記事を読んだあとに取る行動でわかります。

ユーザーが情報に満足したあとに取るのは「セッションを切る」というアクションです。セッションを切る具体的な行動には、「ブラウザを閉じる」「広告をクリックする」「Google Mapを開く」「電話をかける」などがあります。つまり、検索画面に戻るという行動は、あなたの記事では満足できなかったということになり、セッションを切るというのは、あなたの記事に満足した象徴的な行動です。

滞在時間が長く記事が読まれているとしても、その後、検索結果に戻るという行動が起きていれば、それは100％満足するコンテンツではなったということになります。「いいコンテンツだけど、何かが足りない」と、残念な結果になっていないかを常にチェックしましょう。

究極のSEOは他にはないコンテンツを作ること

Googleはさまざまな要素（被リンク・コンテンツ・Rank brain）をもとにコンテンツを評価していますが、人間のように文章を理解できているわけではありません。人間とGoogleとでは良質なコンテンツの基準がまったく同じではないため、どちらか一方だけが良質であっても順位が上がらないのがSEOの難しい部分です。

有名作家の優秀な作品は多くの読者を感動させ満足させることができますが、そのままコンテンツ化してWebで公開しても検索上位に上がることはありません。作品を読んでもらうためには検索エンジンへのアプローチが必要なのです。それがSEOです。

サイトを作るときは、ユーザーと検索エンジンとの両方を意識しておくことが大切です。例えば、ユーザーが読みやすいように代名詞を多用してキーワードの出現頻度が少なくなるとSEOが弱くなって順位が上

がりません。また、SEOを盛り込み過ぎてしつこい文章になっても直帰率が上がって順位が上がりません。要はどちらかだけに偏らない適度なバランスが大事なのです。

記事はユーザーが求める答えを簡潔にわかりやすく書くことです。ユーザーが不満を感じる記事は、Googleしか見ていないともいえます。仮に今はSEOに有利だといわれていても、ユーザーにとって価値のない記事を上げるアルゴリズムは、いずれ効果がなくなっていくことはこれまでの歴史が教えてくれています。

検索順位が「上がるから」「落ちるから」と、検索エンジンの機嫌をうかがった記事を書いたりリライトしたりでは右往左往してしまうだけです。ユーザーのためのリライトは必要ですが、検索エンジンに最適化させるだけのリライトは単なるイタチごっこです。

アルゴリズムのアップデートのたびに検索順位の変動に着目するのは、Googleの動向だけを追いかけている人に多い傾向です。今でもGoogleの検索精度は完璧ではないため、その不備をすり抜けて順位を操作することは不可能ではありません。でも、それでは一時的な結果しか得られません。

究極のSEOは他のサイトにはないコンテンツを作ることです。独自性の高いコンテンツを作ることで、ユーザーはあなたのサイトに何度も訪れる可能性は高くなります。

1回の訪問で多くのページが読まれなくてもいいのです。期間が空いたとしても、何度も訪問されるサイトは人間にとって有益なサイトの証ですし、Googleからも重要度が高いと評価されるのが自然な考え方です。

人の役に立つコンテンツ、人に感動を与えるコンテンツ、人が喜ぶコンテンツでユニークスコアの高い（他にはない）コンテンツを作れば、人間の思考に近づこうとするGoogleの評価で高まっていくのです。私たちがGoogleに追いつこうとするのではなく、Googleが私たちに追い

つこうとしているともいえます。

CHECK!

1. 100％ユーザーを満足させるコンテンツのゴールは
   セッションを切らせること

2. ユーザーと検索の両方を意識したサイト作りをしよう

3. 他にはないオリジナルコンテンツを目指そう

Chapter_3

読者にも検索エンジンにも好まれる「サイト構築法」

稼ぎ続けるためには、ナンバー1ではなくオンリー1の
コンテンツを作成することが大切です。
誰にも負けないほどの知識を身につけることが、
良質なコンテンツを作ってサイトを差別化することに繋がります。
そして、作るからには、AdSense向けに、収益が上がりやすくなる
サイト構築を覚えることが、成功への第1歩です。

Chapter_3

18 良質なコンテンツって、いったい何?

誰でも簡単に作れてしまうサイトは、すぐに真似されてしまうものです。アクセス数や収益の安定化のためには、他の人が簡単に真似することができない良質なコンテンツを作ることが絶対条件になります。

良質なコンテンツの条件

「良質なコンテンツを作りましょう」といわれたら、みなさんならどのように答えるでしょうか?

何となくのイメージはあると思いますが、「良質」という言葉自体が非常にあいまいなので、具体的に説明できる方は少ないかもしれません。

「良質なコンテンツ」という言葉は非常に便利で、サイト作りのセミナーなどでも「良質なコンテンツを作りましょう」というフレーズをよく耳にします。しかしながら、私がこれまでに参加したセミナーで、良質なコンテンツを作成する具体的な方法を聞いたことはありません。

ここからは、私なりにできるだけ具体的に**「良質なコンテンツの定義」**を述べます。

良質なコンテンツの条件は、ユーザーが求めている答えを100%満たせるコンテンツに仕上がっているということです。

ユーザーが求めている答えを100%満たせるコンテンツとは、「情報の信ぴょう性」があり「情報の専門性が高く」かつ「情報が網羅されている」こと。このようなコンテンツはユーザーにも検索エンジンにも好まれます。

それでは、「情報の信ぴょう性」があり「情報の専門性が高く」かつ「情報が網羅されている」良質なコンテンツはどういったもので、どのように作ればいいのでしょうか。ここから先が、その具体的な方法です。

良質なコンテンツに必要なもの①情報の信ぴょう性

信ぴょう性というとサイト運営者の「顔出し」や「実名出し」ということを思い浮かべる方がいるかもしれませんが、それで得られるのは信頼性であって信ぴょう性ではありません。

みなさんの周りにも信頼できる友人や知人がいると思いますが、その人が信頼できるからといって、どんな話でも100％信じるでしょうか。どれだけ信頼できる人であっても、話に信ぴょう性がなければ受け入れることはできません。

検索から来るユーザーが求めているのは「信頼される人物像」ではなく、**「信ぴょう性のある正確な情報」**なのです。「顔出し」や「実名出し」をしたからといって記事の信ぴょう性が上がるというわけではないのです。

正確な情報が書いてあるかどうかが、コンテンツの信ぴょう性を高める上で重要な要素です。

情報の信ぴょう性を高める方法

「正確な情報発信を心がける」

「単なる思い込みや個人の主観で書かない」

「客観的な立場で書く」

「情報の出所（取材元・取材地など）をはっきりとさせる」

「出典元を記載する（専門性の高い参照元が望ましい）」

重要なことは、「この情報がいかに正確に書かれたものであるか」をユーザーに印象づけることです。

文章が上手でどれだけ読みやすかったとしても、「正確な情報」が書かれていなければ、調べものをするユーザーからは読む価値がないと判断されてしまいます。

　先日、「給油ランプが点灯してからどれくらい走れるか」が気になってGoogle検索で調べました。予想通り、検索結果の1ページ目には、見事に金太郎アメ状態のコンテンツばかりが表示されました。
　多くのコンテンツが老舗サイトや書籍、雑誌などを参考元にして記事を書いているためか、どの記事を読んでも同じことが書かれています。SEOも研究されていて、タイトルやリード文、見出しまでがどれも上位サイトとそっくりです。このように上位のサイトの多くが似た内容で具体性に欠けている場合は、目の肥えた検索ユーザーにとってはどのサイトを見ても有益な情報だとは思えないでしょう。

　とはいえ、インターネットが普及して数十年が経った今、似たようなコンテンツが多数ある状態はごく自然なことです。これだけのライバルサイトがある現状を見ると、「今さら似たような記事を書いても勝負にならないのでは……」と思うかもしれませんが、むしろ逆です。
　どれも似ているなかだからこそ、**違いを出すことで上位が取れる**可能性があります。

良質なコンテンツに必要なもの②情報の信用性

　良質なコンテンツに作り上げるポイントは「信用」です。コンテンツに書かれた情報の信用度が高ければ高いほどユーザーの満足度も満たされます。
　検索結果を見ていて思うのは、どのサイトも似たり寄ったりだということです。違いがないということは、根拠や出どころが同じで差別化がしにくい状況なのかもしれません。こういうときは同じ内容で新たにコンテンツを作っても、上位に入れる可能性は低いため差別化を図る必要

があります。

　検索結果に同じ内容のコンテンツが多いテーマであったとしても、記事の信用性を高めることさえできできれば、後発組でもユーザーの満足度を高め、上位表示させることは可能です。

　ユーザーが検索で調べものをするときは、検索順位1位のコンテンツだけではなく、2位や3位のコンテンツを見ることが多々あります。その理由は、1位のコンテンツに書かれた**情報が信用できるかを見極めたい**というユーザー心理があるからです。

　SEO編でも説明したように、ユーザーが検索結果に戻るという行為は順位低下に直結する最悪の行動パターンです。やっとの思いで1位に表示されても、即離脱されては水の泡です。順位を維持するために、ユーザーから「この情報は信用できる」と思ってもらうことが重要なのです。

情報の信用性を高める方法

　情報の信頼性を高めるために必要な要素はたったの2つです。

「誰が書いたかを記載する（例：プロフィールを記載する）」
「自らが専門家であることを証明する」

　先ほどの給油ランプのコンテンツで例えると、記事を書いた人が「自動車整備士」や「自動車メーカーの社員」だったとすれば、情報の信用性がぐっと高まると思いませんか？

　検索結果の説明文に「自動車整備士が教える」という文言や、コンテンツ内のプロフィールページの取得資格に「自動車整備士」と記載してあれば、さらにコンテンツの信用性が高まるでしょう。これがサイトの差別化になり、独自性（あるいはオリジナリティ）を高めることに繋がるのです。

　コンテンツを作るために整備士になったり自動車メーカーで働いたり

というのは現実的な話ではありませんが、自動車メーカーのお客様窓口に実際に問い合わせるだけでも「情報の出どころ」として記載することができますし、ユーザーに対しての信用性を高める有効な手段になるでしょう。

「○○○○であろう」「○○○○かもしれない」といった曖昧な表現はユーザーの信用性を下げてしまう要素になってしまうため、具体的かつ自信あふれた記事を書けるように差別化しましょう。

良質なコンテンツに必要なもの③サイトの専門性

　専門性の高いコンテンツはGoogleだけでなくユーザーにも好まれます。「これを調べたいときは、このサイト」となることが安定化への近道となります。

　ここでいう専門性とは、先ほどの信用性で出た「誰が書いたか」ではありません。1つのコンテンツではなく、サイト内のすべてのコンテンツを共通のテーマに統一することで専門性が高いと評価されます。サイトの専門性を高めると、その結果、「お気に入り」や「ブックマーク」から訪問するリピーターが増え、安定したアクセスを生み出すことが可能になります。

サイトの専門性を高め、ライバルと差別化を図る方法

　最近では、書籍を読んで知識を身につけた上で専門的なサイトを作るといった手法が一般的になり、記事を作成するレベルが上がってきました。そのため、以前と比べると上位表示が難しくなりつつあります。

　そこで、差別化するために資格を取ったり直接技術を学んだりすることができれば一般の書籍にはない情報が得られ、より専門性を高めることができるでしょう。

　また、取材型コンテンツの場合は、実際に現地に足を運ぶことでライバルサイトと差別化を図ることが可能になります。差別化を図るためには次の4つが王道です。

①その分野の専門書を何冊も読む
②資格や技術を習得する
③スクールに通う
④現地に足を運び真実の情報を提供する

　書籍から得た情報や知識だけでは、ライバルサイトとの差別化は難しくなってきています。誰も気づかない意外なビッグワードは、ツールで調べるものではなく、**自らの頭で考えるもの**でもあるのです。

　自分が実際に経験することで、ユーザー側の立場になることができます。ユーザー側に立つと「悩んでいること」が自然と頭に浮かびますし、思ってもみなかった意外なヒットワードが思いつくこともあります。知識や経験を深めることで、検索ツールで月間アクセス数の多いキーワードを探し出す必要がなくなるのです。

　選んだテーマについて誰にも負けないほどの知識を身につけるつもりで、徹底的に勉強しましょう。サイトを作りはじめるまでに、そのテーマで1冊の本を書けるほどの知識と経験が身についていれば完璧です。そのレベルの知識が身についていれば、ユーザーが調べものをするときに入力するワードを自然と盛り込んだ記事を書くことができます。

　もはや、簡単に手に入る情報を適当にかき集めてまとめるだけで検索上位に上がるという時代ではなくなってきているのです。

良質なコンテンツに必要なもの④サイトの網羅性

　網羅性を高めるとは、サイト内の情報（コンテンツ）をくまなく充実させることです。サイト全体のテーマに沿っていることが重要です。ユーザーの満足度を高めることに繋がります。

　1つのサイトに入れるコンテンツ量を増やせばいいという風潮があります。しかし、Googleは「ページ量がオーソリティーに影響することはない」と断言しています。オーソリティーはサイトのページ量が多い

サイトほど高いというわけではないのです。

　むしろ、記事ページを無意味に細分化して無駄なページ数を増やすことは、サイトの構造を複雑化させてしまうだけです。

　これはユーザビリティの観点からもマイナスです。サイト構造を最適化しユーザビリティを高めることは、ユーザー体験（UX）を改善しSEOにも影響するため、**適度なボリュームかつユーザーが満足するユニット数にまとめる**ことが重要です（サイト構成の最適化についてはChapter_5でも説明します）。

　網羅性があるサイトとはどのくらいが適量なのか、気になるかもしれません。しかし、これはテーマ選定によって変わるため、はっきりとした数字で答えることはできません。ユーザーを満足させる網羅性を満たしていて、かつ必要な情報にすぐにたどり着ける適度な情報量であるかを意識しながらサイトを構築していきましょう。

　「○○といえばこのサイト！」とユーザーに認識されると、サイトが権威化（オーソリティー化）していきます。サイトの網羅性を高めてオーソリティー化できれば、その分野で本や雑誌などの執筆依頼が来たりセミナーを開くことができたり、将来の可能性がどんどん広がっていくかもしれません。オーソリティーサイトについては、Chapter_5で詳しく解説します。

CHECK!

1. 個人ではなく記事そのものが評価されるようにしましょう

2. ユーザーの立場にたってコンテンツを作れば思わぬ
   ビッグワードが生まれることも

3. 無駄にページ数を増やさない

Chapter_3

19 リピーターを増やし、安定するサイトを目指そう

検索からの新規ユーザー数をリピーター数が上回るようになると、サイトが安定しはじめます。何十年、何百年と続く老舗店がずっと繁盛しているのは、新規の顧客だけでなく、昔からのお得意さんを大切にしてきたからこそです。それはサイト運営にも同じことがいえます。

新規ユーザーに記事を読んでもらうためには?

検索ユーザーに記事を読んでもらえなければ、次のステップ「リピーターになってもらう」につながりません。ただし、いくら少しでも質の高い記事を書こうと努力をしても、たとえどれだけいい記事を書いても、読み進めてもらえなければリピートはありません。

つまり、検索から来たユーザーを目的の記事まで誘導できていなかったとしたら、せっかくの質の高い記事も無駄になってしまうのです。

新規ユーザーに確実に記事を読んでもらうために、どのような準備や施策をすればいいのでしょうか? 検索から来たユーザーに確実に記事を読んでもらうためには重要なポイントがあります。

あなたの記事は読まれていない!?

検索から来たユーザーが記事を読まずに即離脱していたら、どれだけ優れた記事が書いてあっても意味がありません。サイトから即離脱してしまう原因として、コンテンツの表示速度の遅さと見た目の悪さがあります。

ユーザーの離脱を防ぐために改善するべきポイントは、サイトの表示

スピードと見た目です。

　コンビニをイメージしてみてください。お会計をしたい際、呼びかけても店員さんがなかなか出てこなかったらどうでしょう？　お店の陳列がバラバラで目当ての商品が見つけられなかったら、そのお店で買いたいと思いますか？　お店に入る気にすらなりませんよね？　いくら素晴らしい商品を用意していたとしても、店内にお客さんが入って来なければ、決して商品が売れることはないでしょう。

　これはサイトの作成にもあてはまります。サイトの見た目と聞くと「デザイン」を想像する方が多いかもしれませんが、実はそれだけではありません。その他にもチェックしておく項目がいくつかあるので、次節から順番に説明していきましょう。

CHECK!

1.　いくら良質な記事を書いても読まれなくては意味がない
2.　記事を読み進めてもらうための工夫をしましょう

Chapter_3

「コンテンツの表示速度が重要」の本当の理由とは?

2018年に、Googleがページの表示速度をモバイル検索のランキング要素に組み込んだ「Speed Update」という仕様変更がありました。このシステムの導入以降、「コンテンツの表示速度を高速化しましょう」といわれています。では、コンテンツの表示速度が遅いとユーザーがどのような反応や行動を示すのでしょうか？

コンテンツの表示速度に気を配ろう

図3-1はユーザーがモバイルサイトを閲覧する際に、最もイライラする点をGoogleが調査したデータです。

全ユーザーの半分近くが感じている不満が、表示速度の遅さです。表示が遅いことは**ユーザーの離脱につながる最大の要因**ということなのです。つまり、ユーザーを満足させる第1歩は、コンテンツの表示速度を上げること。Googleがコンテンツの表示速度を順位づけに採用した本当の理由は実はここにあります。

▌図3-1 / モバイルサイトを閲覧する際に最もイライラする点は？

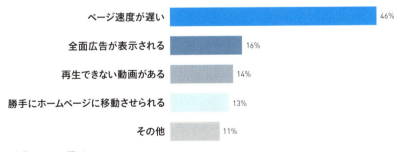

※出典：Google調べ

コンテンツの速度自体は順位決定に大きな影響はないといわれていますが、ユーザーの一番の不満になっているページ速度が遅いということが直帰率を上げる原因になり、結果的に順位低下を招く理由になってしまうのです。

コンテンツの表示速度は記事を公開する前に必ずチェックしておきたい項目です。

表示速度の目標値はどれくらい?

コンテンツの表示速度は、どのくらいを目標にすればいいのでしょう。これについてはコンバージョン最適化のエキスパートであるJeremy Smith氏（Engine ReadyのCEO）が面白いデータを発表しています。図3-2を見てください。

なんと、**表示速度の理想は1 ～ 2秒**ということなのです。表示速度が1秒遅くなるとページビューは11%（ページ表示にかかる時間が1秒から6秒に増加すると直帰率は2倍以上）も下がり、ロードに10秒以上かかると49%のユーザーはサイトを去り、25%のユーザーは二度とそのサイトを訪れないという結果が出ています。

動的ページの場合、2秒を切るのはハードルが高いかもしれませんが、「画像サイズを小さくする」「HTMLやCSSを圧縮する」「キャッシュを利用する」といった方法で速度を改善するこができるので、ぜひ

図 3-2 / 理想の表示速度は?

- 1～2秒 ： 速い
- 3～6秒 ： 平均的だが改善の余地あり
- 7～8秒 ： 遅い（改善が必要）
- 10秒以上 ： 非常に不便

※Google調べ

試してみてください。WordPressなら速度改善に役立つプラグインもあるので、利用してみるのもいいでしょう。初心者でも簡単に行なうことができます。

　ちなみに、コンテンツの読み込み速度を知るには、「PageSpeed Insights」や「Googleアナリティクスのサイト速度」などで調べることができます。自分のサイトの表示速度がどの程度あるのかをチェックして、表示速度が極端に悪いときは必ず改善しておきましょう。

　平均読み込み時間とは、「ページの読み込みにかかった平均時間（秒数）。ページビューの開始（ページへのリンクがクリックされたときなど）から、ブラウザで読み込みが完了するまでの時間」のことです。平均読み込み時間は、アクセス解析ツールGoogleアナリティクスにログインし、左メニューの「行動」⇒「サイト速度」⇒「概要」から確認す

▍図3-3 / ページの読み込みにかかった平均時間

■ 図3-4 / 平均読み込み時間の表示方法

ることができます。

　平均読み込み時間は、左メニューの「行動」⇒「サイト速度」⇒「ページ速度」からページごとにチェックできます。サイト全体の平均より遅ければ「赤」、早ければ「緑」で表示、各ページのパフォーマンスが割合で示されています。各ページのリンクをクリックすれば、実際の読み込み時間が確認できます。

　さらに少し掘り下げて考えてみましょう。実は多くの方は「表示が速い」ことについて、間違ったとらえ方をしています。そこで、「表示が速い」ということの、本当の意味を確認しておきます。

表示時間とロード時間

　多くの方が勘違いしているのは、「表示時間」と「ロード時間」を混同していることです。ロード時間とは、ユーザーが新しいページをリクエストした瞬間から、ブラウザでページが完全に表示されるまでの経過時間のことをいいます。表示時間とは、ユーザーが新しいページをリクエストした瞬間から、スクロールせずに見える範囲のコンテンツがブラウザで表示されるまでの経過時間のことをいいます。どちらも似ている気がしますが、それぞれは違うものです。どちらがユーザーにとって優先するべきか、わかりますか？

作り手側はロード時間でサイトの表示が速いか遅いかを判断しているのかもしれませんが、**ユーザーが体感するのは表示速度**のほうです。データの読み込み速度はGoogleには評価されてもユーザーに必ずしも評価されるとは限りません。ロード時間が速いとサイトの表示も当然速くなるのですが、WordPressなどの動的なサイトを作っていると、技術的な問題でロード時間を改善することには限界があります。

　本来、表示速度を改善する目的は検索順位を上げるためというよりは、ユーザーの直帰率を下げるといったUX向上を目的に行なうものです。木を見て森を見ずにならないように気をつけたいものです。

　意外と見落としているのがスピードインデックスを意識したコンテンツ作り、つまり、ユーザー体験（UX）を高める方法です。ロード時間だけに捉われるのではなく、人間が実際に目にする表示速度の改善も同時に行なっておくようにしましょう。

大切なのはスピードインデックス

「スピードインデックス」という言葉をご存知でしょうか？　これは、**スクロールなしの画面表示が完了するまでの時間**のことをいいます。検索ユーザーの多くは短時間で目的の答えを知りたいと思っています。そのため、スクロールしない画面内にその答えを記載してあげるのが最善なのですが、表示速度が遅く検索画面に戻ってしまうようでは、せっかくの施策も画餅に帰すとなってしまいます。スピードインデックスを改善することでロードの時間が遅かったとしても直帰率を下げることが可能になるのです。

　スピードインデックスを意識したサイト作りとは、スクロールせずに（ファーストインプレッションで）見える範囲のコンテンツの読み込み時間を意識してコンテンツを作ることです。

　スピードインデックスを改善するには重要なコンテンツのみを先に読み込み、2秒以内にサイトを表示させる工夫が必要です。

図3-5 / スピードインデックスとは？

スクロールなしの画面表示が完了するまでの時間のこと
表示完了までの時間が同じサイトでもユーザーの体感速度は違う

サイト A　すぐにページの8割以上が表示される
10秒間はそのまま
コンテンツすべての表示完了は12秒

サイト B　すぐにページの2割以上が表示される
10秒間はそのまま
コンテンツすべての表示完了は12秒

例えば、ファーストインプレッションはテキストを中心にしたり、読み込み速度の遅い画像を置かないようにしたり、画像を使うときは加工してファイルサイズを軽くするなどするだけでも、スピードインデックスを改善することが可能です。

もちろん、SEO強化のためのコンテンツ全体のロード時間を改善していくことも大事なポイントです。サイトの速度についてはGoogleが提供している「PageSpeed Insights」でスコアや速度改善のアドバイスをもらえるのでうまく活用しましょう。

> **PageSpeed Insights**
> https://developers.google.com/speed/pagespeed/insights/?hl=ja

次に紹介するリストは、PageSpeed Insightsで速度の改善に有効だといわれている項目です。ネットで検索すればいくらでも対策法が出てくるので詳しくは説明しませんが、サイトの速度の改善にはかなり有効な

方法なので、興味がある方は調べてみるといいでしょう。

速度改善に有効といわれている項目

- リンク先ページでリダイレクトを使用しない
- ファイル圧縮を有効にする
- サーバーの応答時間を改善する
- ブラウザのキャッシュを活用する
- リソースを圧縮する
- 画像を最適化する
- CSS の配信を最適化する
- スクロールせずに見える範囲のコンテンツのサイズを削減する
- レンダリングを妨げる JavaScript を削除する
- レンタルサーバーのプランを高速なものに切り替える
- 共用サーバーから専用サーバーへ切り替える

CHECK!

1. 表示速度が遅いのはスタートラインにも立っていない
2. ユーザーにとって重要なのはロード時間ではなく表示速度
3. スピードインデックスを意識した
   ファーストインプレッションに

目次の役割と項目の最適化

Chapter_3
21

「ページ内リンク」を設置することで、ユーザーの即離脱を防止して直帰率を下げることができます。ページ内リンクの設置のメリットと有効な設置の仕方を知っておきましょう。

「目次」で知りたい情報があることをユーザーに伝える

　各コンテンツにアクセス数が見込めるメインキーワードを設定していると思いますが、検索からはメインキーワード以外の「メインキーワード+サブキーワード」や「ロングテールワード」からの流入もあります。むしろ作りはじめのときは、メインキーワードよりもロングテールワードのほうが多いのではないでしょうか。

　メインキーワードで来るユーザーの大半は記事の最初から最後まで通して読んでくれる可能性が高いのですが、それ以外のキーワードで来るユーザーは必要な情報だけを求めているパターンが大半です。こうしたユーザーは、スクロールしない範囲ですぐに答えを得たいと思っているのですが、昨今の長文のSEOによって、目的の答えにたどり着かせることが難しくなっています。

　離脱を防ぐには、「知りたい情報がここには書かれている」ということをユーザーに瞬時にわかるようにしておく必要があります。そこで活用したいのがページ内リンクを利用した「目次」です。目次を設定しておくことで、記事を最初から読まなくても知りたい情報があることを**ユーザーに簡単に伝えることができる**ようになります。

図3-6 / 目次をつけてページ内でわかりやすく分類する

※参考サイト：Sophisticated Hotel lounge（http://hotellounge.net/）

　目次はこの記事に何が書かれているかを一目で理解できるようにしておくことが大切です。項目が多過ぎると本来の目的から逸脱してしまうので注意しましょう。

　項目が多過ぎると記事内に目的の情報があることを瞬時にユーザーが判断できないため、即離脱の原因になってしまいます。では、目次の最適な項目数はどのくらいがベストなのでしょうか？

　目次の最適な項目数は、テーマにもよるため具体的な数字まではいえませんが、私は多くても10項目までに抑えるようにしています。
　目次は記事内の各見出しと同じ文言と項目数にしますが、ページ全体のテーマの規模に対して見出しが多過ぎるときは、記事がテーマから逸れて無駄な長文になっている可能性があります。
　テーマの規模に対して見出し（項目）を必要以上に増やし過ぎると、何について書かれているのかをユーザーが掴みにくくなるので注意しま

しょう。

　また、目次の各項目は何について書かれた文章なのかを端的にまとめ、長過ぎず短か過ぎない文字数にすることも大切です。流し読みすることを考慮してキーワードは前半に記述しておくようにしましょう。これは、人が一瞬で認識できる限界文字数が9 〜 13文字だからです。Yahoo!ニュースの見出しが13文字で統一されているのもこの理由からです。

CHECK!

1. 長文記事には目次を設定しよう
2. 目次の項目は必要以上に細かくし過ぎない

Chapter_3

22 サイトデザインと
ユーザビリティの考え方

独りよがりだったり、見づらかったりするサイトデザインは、単なる
自己満足にしか過ぎません。多くのユーザーが自然に受け入れやすい
ものを選ぶことが大切です。

万人に好まれるデザインを使う（作る）

　デザインや操作方法には、自然と受け入れられる形（ルール）という
ものが存在します。すでにユーザーの中に洗練されたデザインが潜在的
に浸透しているにもかかわらず、奇をてらったデザインや違和感を覚え
るデザインにしてしまう方がいます。

　個性的なデザインは、アートの世界では受け入れられるのかもしれま
せんが、一般の人には受け入れてはもらえません。時代とともに好みも
変化して将来的に万人受けするデザインになる可能性は否定しません
が、それはあなたの守備範囲ではありません。デザイナーの仕事です。

　本人の自己満足だけのデザインは、即離脱の可能性が高まります。
「自然と受け入れられる形」を意識して、万人に好まれるデザインを使
う（作る）ことが即離脱を防ぐポイントです。

　ユーザビリティもデザインと同様に、受け入れにくかったり使いにく
かったりすれば即離脱の原因となります。ユーザビリティが悪い例とし
て、画像をクリックしてリンク先に移動できない、メニューバーがどこ
に格納されているかわからないなどがあります。ユーザビリティは自分
だけのルールではなく、Web業界のルールに適合させておくことが重要
です。身近な人に実際に使ってもらい、ユーザビリティがいいか悪いか
を必ずチェックしておきましょう。

Chapter_3

23 理想的なサイト構造とは？

10年先も生き残るサイトになるための理想のゴールは何でしょうか？　それは、ランディングページに来たユーザーがトップページをお気に入りに入れて、サイトに何度も足を運んでくれることです。

トップページから目的のページに簡単に行けるように

　ネット上にない記事を書くことができれば、上位表示させるのは簡単なことです。しかし、ライバルが少なかったころと違い、近年は情報があふれています。ライバルが多いと上位表示させることは難しいのは当たり前の話で、今後はますます上位表示が難しくなっていくことは容易に想像ができます。

　単にいい記事を書けば簡単に検索順位を上げられる時代ではなくなった今、記事単体で勝負していてはこの先、生き残っていくことは困難です。記事単体で勝負しているうちは、ライバルを追いつ追われつという負のスパイラルから永久に抜け出すことはできません。
　これではコンテンツの修正（リライトや追記）をやり続けなければならず、いつまでたっても安定することはありません。
　検索で集客したユーザーをリターニングユーザーに変えるために必要なのは、サイト全体を最適化して、ユーザーが使いやすいサイトになるよう作り込むことです。そのためには、ユーザーがトップページから目的のページに簡単にたどり着ける構造になっていることが重要なポイントです。

100

Chapter_3

これからの時代はコンセプトや構造が優れたサイトが生き残っていく

「今日は1万字の記事を書いた！」「サイトの記事が1000ページになった！」。こうした文字数やページ数で勝負するやり方だと疲れるだけです。無駄に文字数が多く記事を量産するだけのノウハウはもはや通用しない時代に突入しています。

記事で勝負するという考え方をガラッと変える

「ライバルよりも文字数の多いコンテンツを作りましょう」というノウハウを耳にしますが、みんなが同じノウハウで取り組めば、いずれそれも通用しなくなるときがやってきます。たとえあなたが書いた記事が1位になったとしても、ライバルに見つかればサイトを分析されてしまい、やがて順位を抜かされてしまうのはごく自然なことです。

SEOの強い記事ページを量産するという手法が限界を迎えている今、単に質の高い記事を書くだけで生き残ることは、さらに難しくなっていくでしょう。そこで、これまでの章ではサイトのコンセプト（根底にある考え方や思想）の話をしてきましたが、ここから先は検索に強いサイト構造について具体的な話をしていきます。

サイトの構造は外から見ただけでは簡単に見抜くことはできません。サイトを構造から見直すことで、検索に強いコンテンツを作りライバルとの差別化を図ることが可能になります。この先も生き残るサイトになるためには、記事で勝負するという考え方をガラッと変えていきましょう。

検索に強いサイト構造を目指す

　検索エンジンは、「集合図」的にコンテンツの優劣を把握しています。構造が最適化されたサイトは、ユーザー（人間）だけでなく、クローラーがサイト内をスムーズに回ることができるため、インデックスも早くなり、SEOも強くなるのが大きな特徴です。「内部リンクをうまく使いましょう」という教えは、この「サイト構造（リンク構造）」のことを指しています。

　サイト構造は「階層型分類構造（ツリー構造）」「Web型構造」「直線型構造」の3種類が代表的です（図3-7）。どの構造がSEOで有利なのかは一概にはいえません。ユーザビリティ（サイトの使いやすさ）やファインダビリティ（情報の見つけやすさ）を基準に構造を決めればユーザーの評価が高まり、結果、順位が上がります。

図3-7 / ひな型となるサイト構造のモデルを選ぶ

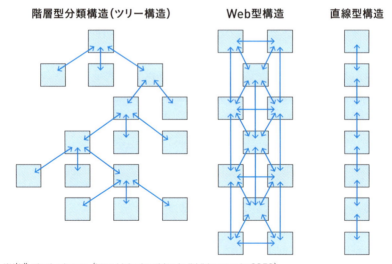

※出典：in the looop（http://ch.nicovideo.jp/itl/blomaga/ar3959）

　階層型分類構造はツリー構造とも呼ばれ、木が幹から枝、枝から葉に分かれるのに似ているところから名づけられています。1コンテンツが

複数の枝（コンテンツ）に分かれ階層がどこまでも深くなっていくのが特徴です。ちなみに、各コンテンツが平均的に強くなるのはWeb型構造です。この構造の特徴は、内部リンクが蜘蛛の巣状に貼られているため、どのコンテンツからクローラーが来ても、サイト内を効率よく回ることができます。

Web型構造の弱点

ただし、Web型構造の弱点は2つあります。

1つ目はファインダビリティがよくないという点です。記事が増えれば増えるほど、目的のコンテンツにたどり着くのが困難になります。本来はユーザーがランディングしてからスムーズに目的のページにたどり着ける構造になっていることが理想です。

2つ目は、すべてのページが似たようなリンク構造になってしまうため、どのコンテンツが重要で優先させるのかを正確にGoogleに伝えることができないという点です。

ちなみに、SEO的に弱いのは直線型構造で、クローラビリティが最も低いリンク構造です。クローラーは一度に回れるページの数が限られている上、ページのリンクをたどって行くので、リンク階層が深いほど巡回する確率が下がります。また、途中で外部サイトへの発リンクがあると巡回をやめて、サイトから出て行ってしまうこともあります。ただし、この直線型構造は、「進む」「戻る」といった道筋が1ルートしか必要ない読み物系やニュース系のサイトには最適な構造で、1ユーザーあたりのセッション数が伸びる傾向にあるのが特徴です。

CHECK!

1. **記事ではなくサイトの構造で勝負しよう**
2. **テーマに合ったサイト構造を選びましょう**

Chapter_3

25 ハイブリッド構造とは?

前節で紹介した3つの構造は広く知れ渡っている有名なものですが、これから説明するものは、その3つの構造からよいところを抽出した「ハイブリッド構造」というものです。ハイブリッド構造のベースは階層型分類構造です。それにWeb型構造と直線型構造をハイブリッドさせた形で、それぞれの長所を取り入れているため、SEOに強く安定したアクセスを集めることができる理想の構造です。下層に記事ページを充実させた「まとめページ（カテゴリーページ）」を適切に作ることによって、複数語検索するユーザーのニーズに的確に応えることができ、検索に強いサイトを作ることが可能になります。

3つの構造の長所を活かした構造

ここから、ハイブリッド構造の作り方を具体的に説明していきます。仮に「杉並区の公園」をテーマにしたサイトを作るとします。
「テーマの選び方編」でも説明したように、テーマはある程度のキャパシティが見込め、コンテンツ数が多過ぎない（完成まで時間がかかり過ぎない）ものにしています。「日本の公園」とか「東京都内の公園」にしてしまうと、サイトが完成することがないまま終わってしまうかもしれません。サイトの情報を充実させることはリピーターを獲得する上で重要なポイントです。せっかく来たユーザーが情報不足で離れてしまうことは避けたいところです。

もし都内の公園をすべて紹介したいのであれば、新規ドメインを取って横展開したほうが賢明です。理由は、サイトごとにトップページに

104

■ 図 3-8 / 初心者がやりがちな構造設計

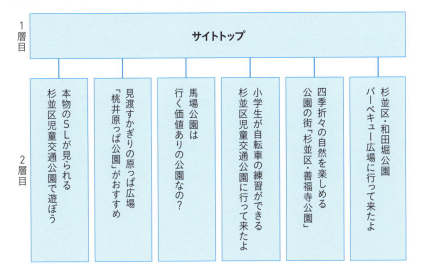

「区名+公園」というキーワードを使えるため、検索順位を独占することができアクセスがより集めやすくなるからです。初心者がやりがちな失敗は**下層コンテンツをトップページ直下の階層に置いてしまう**ことです。「公園」の記事ページを下層に大量に置いた場合の構造は図3-8のような形です。

　第1階層から記事ページへの内部リンクがあれば、Googleの評価が高くなると思うかもしれません。しかし、記事数が増えるにつれて、「杉並区+公園」というキーワードで検索からサイトトップに来たユーザーが、自分が必要な情報までたどり着けず離脱してしまう、つまり直帰率が上がってしまう要因になってしまいます。即離脱されるとサイトが評価されず、検索順位も上がりにくくなることはいうまでもありません。

　この構造の一番の弱点は、SEOに弱いことです。見てもらうとわかりますが、トップページを含め、各ページのキーワードの多くが重複して使用されています。

　具体的には、サイト内に東京杉並区にある「馬橋公園」と「善福寺公

園」、それぞれの公園には遊具や広場・バーベキューなど似たような設備があるため、記事にすると両者とも似たような内容になってキーワードが重複しています。

同じキーワードで同一サイト内のコンテンツを何個も検索結果に表示させることは難しく、Googleがどちらかに優劣をつけてユーザーにとってより有益なコンテンツだけを表示させてしまいます。

今のところ、このようにキーワードが重複するページが複数ある場合、上位表示されるのは1つだけで、複数のページが同時に上位表示されにくいアルゴリズムになっています。もちろん、アルゴリズムは頻繁に更新されていくので、この先もずっと同じとは限りませんが、現状、同一サイト内でキーワードを重複させることは避けたほうが賢明です。

ハイブリッド構造では、検索数が多いキーワードを設定したまとめページ（カテゴリーページ）を作り、まとめページ（カテゴリーページ）のメインキーワードを含ませた下層記事ページから大量にリンクを送っていきます。内部リンクがたくさん張られたページはGoogleが重要であると判断するため、自然とまとめページのSEOが検索に強くなるという仕組みです。

ちなみに、カテゴリーページやまとめページ（カテゴリーページ）とは各カテゴリ以下の記事ページの目次の役割を果たすページのことです（カテゴリページとまとめページの違いと役割ついては後ほど詳しく説明します）。

先ほどの図3-8「杉並区の公園ガイド」というサイトに「杉並区の善福寺公園」というコンテンツがありましたが、すでに多くの人が同じ内容の記事を書いています。このような誰でも書ける記事を質で勝負していると、追いつ追われつの繰り返しでアクセスが安定することはありません。ハイブリッド構造を取り入れ、まとめページのSEOを強化する構造にすることが10年先も生き残っていくためには重要なポイントになります。

図 3-9 / ハイブリッド型構造

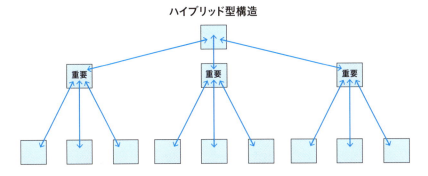

　図3-9ではまとめページ（カテゴリーページ）が2層目に置いてありますが、3層目でも4層目でも構いません。ただし、ページランクは上層ほど高いので、**階層を意識して内部リンクを構築する**ことが、検索エンジンに対して重要度を上げる最大のポイントになります。この手法を使うと下層ページでもトップページと同じメインキーワードで検索上位に上げることが可能になります。

　1つだけ注意点があります。まとめページ（カテゴリーページ）に内部リンクを張るときに、すべてのリンク先がリンク元に関連した内容（キーワード）になっているかを必ずチェックしましょう。リンクを張り合うコンテンツ同士のキーワードがずれていると、どれだけ多くの内部リンクを張っても効果は薄くなります。

　検索順位は相対的なものなので、ライバルサイトがまとめページ（カテゴリーページ）に質の高い下層ページをたくさん作っていると順位は下がってしまいます。

　図3-10を見てください。これは、東京のラーメン店をテーマにしたサイトのハイブリッド構造図です。この図を見ると「ハイブリッド構造って階層型分類構造じゃないの？」思ったかもしれませんが、ハイブリッド構造と階層型分類構造の違いは、まとめページ（カテゴリーページ）を無限に増やすことができるという点です。

▌図3-10 /「東京　ラーメン」をテーマにしたサイトのハイブリッド構造図

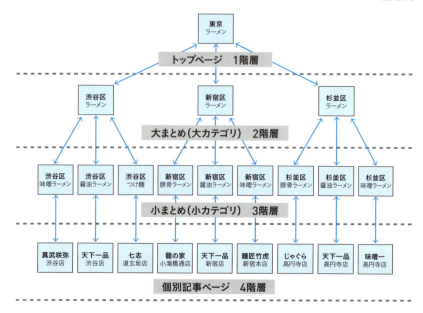

　通常の階層型分類構造だとツリー型になりますが、ハイブリッド構造は3階層まで（テーマによっては4階層）しかないため、2階層または3階層にあるまとめページ（カテゴリーページ）が増えラグビーボールのような楕円形になるという特徴があります。

　図3-11は先ほどの「東京　ラーメン」をテーマにしたサイトに、「東京都内　天下一品」というまとめページ（カテゴリーページ）を1つ増やした構造図です。記事ページを増やさなくても、サイトのコンテンツを1つ増やすことができたのがおわかりだと思います。

　同一サイト内で上げられる記事ページの数にはどうしても限りがあります。しかし、ハイブリッド構造はまとめページ（カテゴリーページ）を上げるため、記事ページを完全に網羅してしまえば、あとはキーワードごとに下層に置くまとめページ（カテゴリーページ）を増やすだけでSEOに強いコンテンツをたくさん作ることができるのです。

　記事の内容だけで勝負している限りはライバルに研究されていずれ負けるときがきます。良質な記事とは多くのコンテンツに支持される、つ

■ 図3-11 / キーワードごとにまとめページを増やす

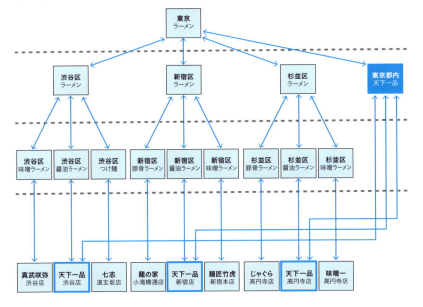

まり被リンクが多いコンテンツを意味します。まとめページ（カテゴリーページ）に関連した記事ページを作り込み、内部リンクを正しく送ることで、**記事勝負の世界から1歩抜け出すことができる**でしょう。

カテゴリーページとまとめページの違いは？

　カテゴリーページとまとめページは基本的にリンク構造が同じなので、見た目は違っても**サイト内における役割は同じ**です。どちらも同じブリッジページです。下層の記事ページを1つのコンテンツに集めて読み物風にしたものが「まとめページ」、下層の記事ページを1つのコンテンツにコンパクトにまとめ利便性を追求した形になっているものが「カテゴリーページ」という位置づけです。カテゴリーページは図3-12のようなページのことをいいます。

　カテゴリーページのメリットは、下層ページをコンパクトにまとめているため、ユーザーが直感的に素早く目的の記事ページにたどり着ける

という点です。デメリットは、テキスト量がまとめページに比べて少ないため、SEOが弱いという点です。

▌図 3-12 / カテゴリーページの例

参考サイト：わらしべ暮らしのブログ（https://warashibe.info/blog/archive/category/cat27/czech/）

　次に、まとめページは図3-13のようなようなページのことをいいます。まとめページのメリットは、記事ページの内容を視覚だけでなく文章で詳しく伝えられることです。下層にある記事に書かれている内容を説明しておくことで無駄なクリックが減り、直帰率を下げて回遊率を上げることができるため、ユーザビリティの向上には最適な形といえます。

デメリットは、過剰にSEOを意識して文字数を増やし過ぎると、目的の情報までたどり着く時間がかかって離脱率が高まる可能性があることです。また、1つ1つの記事ページの紹介文が要点を押さえて書かれていないと、使いにくいだけのコンテンツになってしまうので注意が必要です。

ブログなどで決まったテンプレートを使っていたり、構造を考えずに書いた記事がすでに大量にあったりする場合でも、下層の記事ページを集めて作る「まとめページ」なら、後からでも簡単に作ることができるでしょう。

図 3-13 / まとめページの例

参考サイト：わらしべ暮らしのブログ（https://warashibe.info/blog/archive/2018/06/bonne-kitchengoods.html）

ハイブリッド構造のキーワード設定のやり方

ハイブリッド構造だと、どうしてコンテンツの順位が上がりやすくなり安定するのでしょうか？　その理由を具体的に説明していきます。

ハイブリッド構造でサイトを構築するときに意識しておくのは、**コンテンツ間のキーワードに必ず関連性を持たせる**ことです。図3-14を見てください。

トップページで挙げたいキーワードが「杉並区　公園」だとします。その直下の2層目にあるコンテンツのまとめページ（カテゴリーページ）の各タイトルに「杉並区　公園」というキーワードが含まれていて3層目も同様に「杉並区　公園」が含まれているのがわかると思います。

▌図3-14 / ハイブリッド構造のキーワード設定のやり方

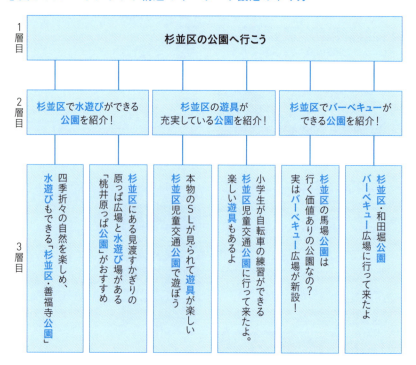

サイト内のすべてのページタイトルにトップページで挙げたいキーワードを含ませると、このサイトが杉並区の公園について書かれたサイトであると認識されるのです。

　2層目のまとめページ（カテゴリーページ）のキーワードを上げるには、直下の記事ページのタイトルに同じキーワードを含ませます。上の表では2層目の「杉並区の水遊びができる公園を紹介」というページの「水遊び　公園」というキーワードを上げたいときは、下層ページのタイトルに「水遊び」と「公園」を含めればOKです。

「杉並区の水遊びができる公園を紹介」ページと下層の各公園記事に関連性を持たせて内部リンクを張り合うことで、「水遊び」と「公園」というキーワードでは「杉並区の水遊びができる公園を紹介」ページが、サイト内で最も重要度の高いページとGoogleに認識されます。

　ここで気をつけたいのは、タイトルと記事には必ず関連性を持たせてコンテンツをしっかりと作り込むことです。ただ単にキーワードをタイトルに入れただけのコンテンツを作っても評価されないので注意しましょう。

ハイブリッド構造のまとめ

　ハイブリッド構造のまとめページ（カテゴリーページ）のリンクは、必ず自分のサイト内の記事にリンクにさせるということが必須条件です。外部リンクにしてしまうと、Googleに単なるブリッジページと判断される可能性があります。

　下層ページを作った後に思いつきでまとめページ（カテゴリーページ）を決める人がいますが、サイトの構造は後から変更しようとすると無駄な労力を使うことになります。サイトを作り出す前にまとめページ（カテゴリーページ）をプランニングしておくとスムーズに完成までたどり着けます。初心者の場合はまとめページ（カテゴリーページ）をうまく分類することができないと思うので、Googleのサジェストや関連キーワードを参考にしながら作ってみましょう。仮に「杉並区　公園」と検索すると図3-15のような関連キーワードが表示されます。

図 3-15 / ハイブリッド構造のキーワード設定のやり方

杉並区　公園に関連する検索キーワード

杉並区 公園 おすすめ	杉並区 公園 遊具 充実
杉並区 公園 イベント	杉並区 公園 ピクニック
杉並区公園アスレチック	杉並区 公園 水遊び 期間
杉並区 公園 遊具	杉並区 公園 撮影
杉並区 公園 水遊び	杉並区 公園 うんてい

　これが「杉並区　公園」に関連してよく検索されるキーワードです。この関連キーワードをもとにカテゴリー名を決めるとアクセスが集まりやすくなります。ここにあるキーワードで記事を書くのではなく、重要度の高いまとめページ（カテゴリーページ）を作るのです。

　ただし、サジェストはライバルも見ています。オリジナルコンテンツを作るためにも、コツをつかんで慣れてきたらサジェストは見ないで自分なりに分類をしてください。

　まとめページ（カテゴリーページ）は単なる人間向けの目次ページやリンク集ページではありません。検索数の多い（キャパシティの大きい）キーワードで上位表示することができる超強力なコンテンツです。

　記事ページとテーマに関連性を持たせたまとめページ（カテゴリーページ）を丁寧に作り込むことで、10年先も安定したアクセスを生み出すことができるのです。

CHECK!

1. ハイブリッド構造でまとめページを上位表示させよう
2. コンテンツ同士のキーワードに関連性を持たせよう
3. サイトを作り出す前に構造をプランニングしよう

Chapter_3

10年先も生き残る AdSenseサイト構築

10年先も生き残るサイトを構築するために必要なことは、即離脱を防ぐサイト構造の設計が不可欠です。そのためには、サイトのルールを統一してユーザビリティを向上させることが重要なポイントになってきます。各コンテンツに共通するルールを決めて、ユーザーに違和感のないサイトを目指しましょう。

サイト内のコンテンツに共通したルールを適用する

コンテンツごとに基本ルールが違うと、ユーザビリティを低下させ即離脱の要因になってしまいます。基本ルールが違う例としては、次のようなものがあります。

- **文字のフォントや大きさがページごとに変わる**
- **ページごとにテンプレートが違う**
- **ページごとに画像がリンクになっていたり、いなかったりする**
- **ページごとにサイドバーやメニューバーがあったり、なかったりする**

また、一般に通用しない独自のルールをサイトに盛り込むと、ユーザビリティが悪いと判断されることがあるので注意しましょう。

例えば、テキストリンクが黄色である（一般的には青色）などが該当します。スマホのように説明書がなくても誰でも直感的に使えるサイトが理想です。

115

各コンテンツに設定するキーワード整理の基本ルール

タイトルのメインキーワードをもとに、さまざまなキーワードを絞り出してからコンテンツを作りはじめましょう。ここで絞り出した単語は「共起語」と「関連語」に分けて必ずメモに残しておきます。これらの単語を「タイトル」や「見出し」「記事」の中にバランスよく散りばめていくことで、各コンテンツの検索順位を上げることができるのです。

共起語とはメインキーワードとの関連性が強く、一緒に使われる頻度の高い単語のことで、メインキーワードに対しての共起語は1つではなく複数あります。一方、「関連語」は「サジェストキーワード」ともいわれている単語で、メインキーワードと連語で検索されることが多いキーワードのことをいいます。関連語は検索エンジンにメインキーワードを入力すると検索窓の下に出てくる、いわゆる入力候補ワードのことです。

共起語と関連語の効果的な使い方は後ほど説明していきますが、各コンテンツ内で共起語と関連語はそれぞれ使う場所が決まっています。これらのキーワードをしっかりと活用してコンテンツを作り込みましょう。

トップページ作成の基本ルール

トップページは、**表紙ではなく目次に近いイメージ**になります。トップより下層に置かれたすべてのまとめページ（カテゴリーページ）を完全に網羅し、目的のページにスムーズにたどり着けるようになっていることが最低条件です。

情報サイトの場合は、トップページを見やすくすることが重要です。トップページからの流入は検索からのユーザーではなく、リピーターがメインとなるため、まとめページ（カテゴリーページ）へのリンクを置いておけば十分です。新規ユーザーに記事をたくさん読んでもらおうと、個別記事へのリンクを大量に配置するとリピーターが使いにくくなるだけです。

カテゴリーを表示させる範囲は、PCサイトの場合は2画面、スマホサイトの場合は5画面までに収めるのが理想的なトップページです。理由は、パソコンはスクロール操作の煩わしさがありますが、スマホはスクロール操作が容易なので、多くても問題ないからです。
　トップページのヘッダーにはサイトをイメージできる画像などをうまく使って、ひと目見ただけでサイト内にどのような情報が入っているかを判断できるようにするのがポイントです。

　まとめページ（カテゴリーページ）へのリンクはリンク先をイメージさせる画像を用いて、短い導入文（10～20文字）を添えておきます。テキストリンクを併用するのは問題ありません。画像検索対策として画像にはalt属性（代替テキスト）をつけ、通常検索対策としてテキスト

図 3-16 / 理想的なトップページの例

※参考サイト：ねこるす（https://necorusu.com/）

リンクに見出しタグをつけておきましょう。

　見出しのタグの順序は、コンテンツの構成を考えて重要度の高い順からh2→h3→h4→h5→h6という感じでつけておけばOKです。見出しタグのh1はサイトタイトルまたはページタイトルとして各ページに1回だけ使います。その他の見出しタグは文章をいくつかのセクション（章）に分け、その見出しとしてページ内で何回使ってもかまいません。

　画像についてのルールは、ファイル容量が大きい画像は、そのままのサイズだと表示速度が遅くなってユーザーストレスの原因となるため、圧縮したり外部ファイルを読み込ませたりして表示速度の妨げにならないよう工夫しましょう。画像の質を問われないようなテーマの場合は思い切ってファイルサイズを小さくしてもいいかもしれません。

　理想的なトップページは図3-16のようなデザインになります。このサイトは私のワークショップを受講された生徒さんが作ったものです。

　いかがでしょうか。ユーザーがサイトに来たときに、猫の飼い方がテーマのサイトだと一瞬でわかると思いませんか。

　トップページをシンプルにするのは8秒ルールに基づいた考えで、ユーザーの離脱を防ぐことが目的です。ちなみにこの8秒ルールは1999年にアメリカのゾナ・リサーチ社が発表した「ユーザーがサイトに来てから8秒を過ぎると立ち去る」という調査報告によるものです（当時の回線より高速化している今は、6秒ルールとも3秒ルールともいわれています）。

　トップページにはサイトの内容を説明する長い文章やプロフィールを置く必要はありません。ハイブリッド構造の場合は、検索ユーザーの入り口ページは下層の「まとめページ」と「記事ページ」がメインになり、トップページはリピーター用の入り口となるページだからです。リピーターにとってはサイトの説明は一度読めば十分であり、何度も読みたいものではありません。それよりも何度来ても使いやすい、ユーザビリティが優先されている作りほど好まれます。

詳しいサイトの内容説明や運営者のプロフィールなどは、別のページを作ってそこに書くなどすればいいかと思います。ただし、トップページにどういったサイトなのかの説明がどうしても必要なときは、文章をわかりやすくコンパクトにまとめ、コンテンツが下部に押しやられないように注意しましょう。

トップページのAdSense広告を貼るときのポイント

　トップページは、いってみればサイトの顔であり、サイト内の各コンテンツへの動線となる重要なナビゲーションです。そのため、AdSense広告はユーザーの動線を妨げないように配置することが重要なポイントです。**基本的にトップページは、全コンテンツの中でリピーターの比率が一番高く、AdSense広告があまりクリックされないページです。**

　ハイブリッド構造の場合は、記事ページから検索で来た新規ユーザーが移動してくるページでもあるため、広告を貼るときはコンテンツ下部に自然な形で配置する程度にとどめておきます。そして、記事ページから来たユーザーに次に取ってもらいたい行動は、ブックマークやお気に入りに登録してもらうことです。広告をクリックさせて離脱させることではありません。

　トップページのAdSense広告は、リターニングユーザーのことを優先して広告はなしでもいいと思います。その理由は、何度もサイトに来ているリターニングユーザーは、自然な形で広告を貼ったとしても広告だとわかっていますし、新規ユーザーにとってもトップページはユーザーが満足するページ（離脱ページ）ではなく、収益にほとんど影響がないからです。

トップページ作成の基本ルールのまとめ

　トップページは図3-17のように、「シンプルに」「見やすく」「使いや

■ 図3-17／「シンプルに」「見やすく」「使いやすく

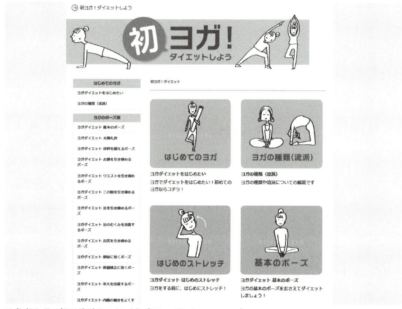

※参考サイト：初ヨガ!ダイエットしよう（https://hatuyoga.com）

すく」を意識して作ることがポイントです。わかりやすくいえば、スマホのトップ画面のイメージが近いです。昔の携帯電話はメーカーや機種ごとに使い方が違ったため、分厚い説明書を読まなければ機能を使いこなすことができませんでしたが、スマホならどの機種でも直感的に操作できるものが大半です。

「文字数が少ないトップページは見た人が物足りなく感じ、SEO的にも弱くなってしまうのでは」という心配もあるかもしれません。しかし、ハイブリッド構造の場合は、下層ページで大量のユーザーを集め、リターニングユーザーにすることが目的なので、トップページのSEOを強くして集客を図る必要がないので問題ないのです。

　トップページはサイトの顔となる重要なページです。SEOを意識し

過ぎるあまり長文化して雑然とならないことは基本中の基本です。9割のリピーターはサイトのトップから訪れ、9割の新規ユーザーはトップ以外のページに訪れることを忘れないようにしましょう。

まとめページ(カテゴリーページ)作成の基本ルール

まとめページ(カテゴリーページ)は、トップページと同様に目次の役割を果たすコンテンツです。トップページがサイト内すべてのまとめページ(カテゴリーページ)の一覧という位置づけに対して、まとめページ(カテゴリーページ)は、テーマ別に分けた記事ページの一覧という位置づけだと思ってください。

まとめページ(カテゴリーページ)につけるページタイトルには、ユーザーが検索するであろうと想定したキーワードを必ず盛り込み、トップページのテキストリンクと文言を必ず一致させておきます。タイトルは検索されるキーワードを前半に固め短くするのがベストですが、どうしても長いタイトルになるときはメインキーワードの共起語を含ませておきましょう。

共起語とは単語(メインキーワード)の周囲によく使われている特定の関連性のある単語のことです。

Googleは、例えば、「くも」という単語のみの場合、「雲」なのか「蜘蛛」なのかを理解することができません。その単語が何を意味しているかは、周囲の共起語を読み取って「何について書かれているか」を解読しているのです。くもを殺す・くもを捕まえると書くと「蜘蛛」のことだと理解しますし、くもが空に浮かぶと書くと「雲」と理解するという仕組みです。

まとめページ(カテゴリーページ)はサイト全体のテーマに関連性を必ず持たせて、サイト全体の共通メインキーワード(または同義語)を

含ませておきます（関連性を持たせたコンテンツタイトルのつけ方の一例：水前寺公園（杉並区）で水遊びを楽しもう！ - 杉並区で水遊びができる公園まとめ - 杉並区の公園ガイド）。

　サイトのユーザビリティに大きく影響するのは、まとめページ（カテゴリーページ）の分類の仕方です。大カテゴリーや場合によっては小カテゴリーごとに、コンテンツをわかりやすく適度な単位に分類することがポイントです。

- **大カテゴリー**……**まとめページ（カテゴリーページ）・グローバルナビ　　　　　　　　　ゲーション**
- **小カテゴリー**……**まとめページ（カテゴリーページ）以下でさらに分類　　　　　　　　　する必要があるとき**

　検索エンジンは「集合図」的にコンテンツを把握しているため、各コンテンツにあるキーワード同士を紐づけておくと、相互にSEOが強くなる傾向があります。トップページのメインキーワードと下層ページのメインキーワードが一致すれば、複数語検索などの明確なニーズにマッチさせることができます。

　分類されていないたくさんのコンテンツ（情報）から、重要なページを即座に探し出す労力は、人でも検索エンジンでも同じです。サイト内のコンテンツを規則性に沿って正しく分類することができれば、サイトの全体像を把握しやすくなります。さらに、上下の関連性を持たせれば個々のページの評価が高くなるのです。

まとめページ（カテゴリーページ）の分類の仕方

　カテゴリー分けは最初に設計しますが、サイト作成の初期段階は重要度の高い順に最低限のものだけを盛り込むようにしましょう。この理由は、初期段階でカテゴリーを増やし過ぎて中身（コンテンツ）の入っていない状態になっていると、ユーザーにストレスを感じさせるからで

す。画像をクリックしてもリンク先に移動できなかったらイライラしませんか？　重要度の低いカテゴリーは必要不可欠で重要度の高いカテゴリーをある程度充実させてから増やすようにしましょう。

必要不可欠で重要度の高いカテゴリーとは？

　必要不可欠で重要度の高いカテゴリーとはサイトに訪問したユーザーがサイトを利用する上で、なくてはならないコンテンツを指します。サイト内すべてのコンテンツが完成するまでには相当な時間を要します。サイトに来るユーザーの多くが求める情報に優先順位をつけて、重要度の高いものから先に仕上げていきましょう。

　杉並区の公園のサイト（図3-14）を例にすると「水遊びができる公

■ 図3-14（再掲）／ハイブリッド構造のキーワード設定のやり方

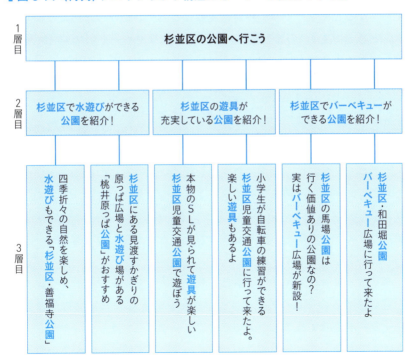

園」「遊具が充実している公園」「バーベキューができる公園」のカテゴリーがありました。サイトを作成している季節が秋だとすると、優先順位は①「遊具が充実している公園」、②「バーベキューができる公園」、③「水遊びができる公園」となります。冬場に水遊びをする人はいませんよね？　つまり、**優先度＝需要の高いもの**と考えてもらってもかまわないと思います。

まとめページ（カテゴリーページ）のサイズは?

　1つのまとめページ（カテゴリーページ）で紹介する記事数は、10～20記事で収まるように分類しましょう。紹介している記事数が多過ぎると視認性やユーザビリティが悪くなってユーザーが即離脱する原因となるからです。

　まとめページ（カテゴリーページ）を分割するときは、キーワードをずらすなどしてタイトルや中身が重複するページを作らないようにします。どうしても1つのまとめページ（カテゴリーページ）で紹介する記事数が多くなる場合は、目次をつけてページ内でわかりやすく分類しておきましょう。

まとめページ（カテゴリーページ）のタイトルのつけ方

　カテゴリー名には、検索に打ち込む質問にも答えにもなるキーワードを含め、ユーザーの興味を引くタイトルをつけるのがポイントです。これはSEO的に有利というのもありますが、検索ユーザーは検索結果に並んだサイトの中から、より的確な答えに近そうなものを選ぶという行動心理があるためです。

　タイトルに含めるキーワードは、サジェストやキーワードプランナーを見て決めるのではなく、まずはユーザーの立場に立って**自分の頭でキーワードを考えること**が大切です。キーワードプランナーやサジェストは誰でも使えるツールのため、ライバルと必ず競合し、競争の世界に

巻き込まれてしまいます。自分の頭で考えると、意外な穴場となるキーワードが見つかることもあります。誰も知らないあなただけが知りうるキーワードを見つけましょう。

サジェストに出ないキーワードで検索数の多いものを見つけることが、10年先も安定して稼ぐ上では重要なポイントになります。穴場キーワードを見つけたら、そのキーワードの月間検索数を必ずチェックしておきましょう。いくら穴場のキーワードだったとしても誰にも検索されないワードはアクセスにつながらないからです。

まとめページのAdSense広告を貼るときのポイント

まとめページ（カテゴリーページ）もトップページ同様に下位コンテンツの目次となるページですが、大きく違うのは新規ユーザーの比率が高いという点です。これはハイブリッド構造では検索で上がるページが記事ページだけでなく、まとめページ（カテゴリーページ）にもなっているためです。

新規ユーザーの比率が多く、収益が上がりやすいページのため、広告枚数はトップページと比べて増えます。基本的な貼り方はトップページと同じで、ユーザーの動線を妨げる配置はなるべく避けることです。図3-18のように、コンテンツに馴染ませるように自然な形で貼ることがクリックされやすいポイントになります。

プランニング設計をせずにサイトを作り、まとめページ（カテゴリーページ）の分類を単なる思いつきで決める方がよくいます。ハイブリッド構造では、必ずトップページ→まとめページ（カテゴリーページ）→記事ページの順番でサイトを作り上げていきましょう。慣れるまでは大変かもしれませんが、サイト全体のテーマを縦系列で統一させるためにはこの手順がベストなのです。計画性がないまま記事から作り込んでしまうとサイト全体のテーマから大きく外れてしまうことがよくあります。

▎図3-18 / まとめページ（カテゴリーページ）のアドセンス広告の最適化

　カテゴリーの分類は検索ユーザーが何を求めているか？　何を知りたいか？　を徹底的に調べてから決定しましょう。まとめページ（カテゴリーページ）内に入れる記事はカテゴリーのテーマ（キーワード）と関連性のあるものだけを必ず入れるようにします。「どちらかといえばこのカテゴリーに属しているかな？」という曖昧な決め方はだめです。

記事ページの作成の基本ルール

　良質な記事を書いているのに滞在時間が伸びなかったり、検索順位が思ったように上がらなかったりするときはありませんか？　順位が上がらないからと、リライトしたり追記を行なったりするのは、本書の狙いではありません。あなたの書いた記事が読まれないのは、単に内容が悪

いからという理由ではない可能性があります。この項では、最後まで読まれる記事作成の基本ルールについてお話しします。

記事ページのタイトルのつけ方

ページタイトルは検索結果で最も目立つ部分なので、ユーザーには「ここに答えがある」としっかりと伝える必要があります。そのためには検索キーワードと関連語や共起語を組み入れて、**説明文を読まなくても記事の内容がわかるようなタイトルをつける**のがベストです。記事ページもトップページやまとめページ（カテゴリーページ）と同じで、検索結果に表示されている内容から勝負ははじまっています。検索結果に表示されるタイトルや説明文にユーザーが打ち込んだ質問の答えは表示されていれば、検索ユーザーは求める答えがもっと詳しくそこに書かれているのではと思うものです。

記事ページも、トップページやまとめページ（カテゴリーページ）同様にメインキーワードのみでユーザーをひきつけるタイトルをつけることができればベストです。SNSなどで拡散したいときなどは、よりキャッチーなタイトルをつけなければならないときもあるかもしれません。そういうときはメインキーワードの共起語を含ませましょう。関連性の低い単語を多く含ませることはSEOを弱めるだけなのであまりおすすめしません。

個人的にはSNSからの集客は一時的なアクセスでしかないことが大半なので、10年先も生き残るサイトを目指したいのであれば**検索重視のタイトルをつけたほうがいい**でしょう（SNSで拡散しきった後でタイトルを変えるという裏技もありますが、被リンク効果がなくなったり、検索順位が変わったりすることがあるので、試されるならあくまで自己責任でお願いします）。

先に文章を書いて後から記事のタイトルや見出しを決める方がいます

▌図3-19 ／「東京　ラーメン」で検索した結果

| ↻ | 🔍 東京 ラーメン |

東京のおすすめ**ラーメン**(拉麺) [食べログ] - 食べログ
https://tabelog.com › 東京 ▼
日本最大級のグルメサイト「食べログ」では、**東京**で人気の**ラーメン** (拉麺)のお店 6660件を掲載
中。口コミやランキング、こだわり条件から失敗しないおすすめのお店が探せます。お探しのお店は
立川市・八王子市周辺に多く、特に**ラーメン**のお店が多いです。

東京ラーメン - Wikipedia
https://ja.wikipedia.org/wiki/東京ラーメン ▼
東京ラーメン (とうきょう**ラーメン**) は、「醤油**ラーメン**」の代表であり、日本の**ラーメン**の原型と
なっている。多くの場合、和風だし、醤油タレ、中細縮れ中華麺が使用される。**東京**には数千の
ラーメン店があり、提供される**ラーメン**の味も多岐にわたる。

東京の美味しい**ラーメン**屋を30店おすすめしてみる！（大幅に追記）-
iggy ...
https://www.iggy.tokyo › Food ▼
3 日前 - 今回は**東京**の美味しい**ラーメン**屋を色々おすすめしてみようと思います。紹介するのは、全
て実際に行ったことのあるお店で美味しいと思ったとこをピックアップしています。実は**ラーメン**
が大好きで、一時期かなりのペースで食べていました。

東京ラーメンストリート | 東京駅一番街
https://www.tokyoeki-1bangai.co.jp/street/ramen ▼
笑顔と魅力あふれる街、**東京**駅一番街。**東京**駅八重洲口に直結。和菓子・洋菓子・テレビやアニメに
ちなんだキャラクターグッズなどの**東京**みやげから、飲食・喫茶・ファッション・雑貨など、バラ
エティーに富んだお店が集結している街です。おいしい**ラーメン** ...

が、これは順番が逆です。記事のタイトルと記事内の見出しに基づいて
文章を書くことでメインキーワードがぼやけることを防げます。文章か
らキーワードをイメージするのではなく、キーワードを決めてそれに基
づいた記事を書くということが大切です。

　では、実際に検索上位のサイトを見ながら具体的にページタイトルを
どうやってつけるといいのかにいて説明していきます。図3-19は「東京
　ラーメン」で検索した結果ですが、上位に表示されているサイトに
ユーザーが検索窓に打ち込むと想定されるキーワードをタイトルにしっ
かり含めてあるのがおわかりでしょうか。

　記事タイトルにはユーザーが求める答え（そのページの中で一番重要
度の高いキーワード）を入れることがポイントです。つまり、タイトル
に含めるキーワードは「メインキーワード」で、その記事内で最も出現

回数が多いキーワードということになります。

　記事ページはトップページやカテゴリーページと違ってユーザー（検索対象像）とキーワード（メインテーマ）を具体的に設定して、**キーワードは最小単位まで絞り込む**ことも重要です。キーワードの単位が大き過ぎると漠然とした具体性の欠ける内容になってしまいますが、キーワードを最小単位にすることで、そのページを読む人が100％満足する具体的な内容に仕上げることができます。

　先ほどの検索結果の「東京　ラーメン」ですが、このキーワードで記事ページを作ってしまうと単位が大き過ぎてユーザーを100％の満足させるコンテンツに仕上げることは難しいでしょう。このキーワードで上位を取るにはまとめページ（カテゴリーページ）で勝負するべきで、記事ページで勝負するなら、「東京　ラーメン　豚骨」とか「東京　ラーメン　醤油」といった小さな区分にします。

　実際に「東京　ラーメン」をテーマにしてサイトを設計するのであれば、トップページは「東京　ラーメン」、大まとめページ（大カテゴリーページ）はエリア別の「渋谷　ラーメン」「新宿　ラーメン」、小まとめページに「渋谷　豚骨ラーメン」「渋谷　醤油ラーメン」といった味別のカテゴリーページを作り上階層の「渋谷　ラーメン」のまとめページ（カテゴリーページ）に紐づけ、「渋谷　醤油ラーメン」カテゴリーの下層に天下一品渋谷店のレビュー記事を入れるといったサイト構成になるかと思います（図3-10）。

要約をつけるときの基本ルール

　ファーストインプレッションに要約をつけることで、ユーザーの心をぐっとひきつけるのは最後まで読まれる工夫の1つです。あなたのコンテンツに検索ユーザーの質問（キーワード）に対する答えが書かれているかどうかは、最後まで記事を読めば判断できるのかもしれません。た

■図3-10（再掲）/「東京　ラーメン」をテーマにしたサイト設計

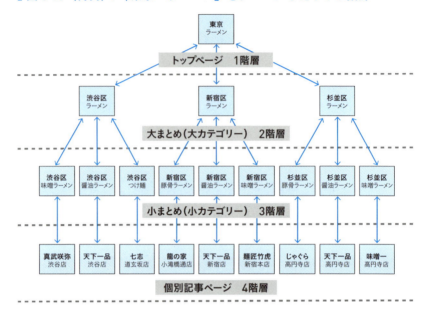

だ、8秒間ルールがある以上、「最後まで記事を読めばわかる」というやり方では、ユーザーをコンテンツに長時間留めておくことは難しいだけでなく、即離脱の要因にも繋がってしまいます。ユーザーがサイトに訪れてから最初の8秒間でコンテンツの内容がわかり、ユーザーの心をがっちり掴むわかりやすい要約が必要です。

　ユーザーの離脱を防ごうと答えのみの簡素な記事にしてしまうと、今度は情報が不足したり物足りなくなったりしてユーザーの満足を得られない内容になってしまいます。そういうときにおすすめしたいのが、**記事全体を要約した文章をタイトル下（ファーストインプレッション）に記載しておいて、「記事を読み進めて詳しいことまで知りたい」というユーザー心理にさせる**という方法です。

　サイトに来る新規ユーザーは検索からの割合が圧倒的に多く、かつそのほとんどが下位コンテンツへ訪問してきますが、その時点ではあなた

対する信用はまったくありません。信用がない状態で記事を読み進めてもらうために、要約でユーザーの心をぐっとつかみ「もっと読みたい」と思わせる工夫が必要なのです。

コンテンツ内の要約はコンテンツの顔、漫才でいうところの掴みと同じで、ここでどれだけ引き込めるかが記事を最後まで読んでもらえるかどうかの分かれ道になります。

人の心をひきつける要約のまとめ方

要約は、文章を読む前のユーザーに対して内容を簡潔に理解できるようにまとめられているかがポイントです。小説の「あらすじ」の役割も担います。「主題が押さえられているか」「文章は簡潔か」「記事の内容が網羅されているか」こういった条件を満たしているかどうかもチェックしましょう。

要約は記事を書き終わってからのほうがスムーズに書けることも多いので、慣れないうちは後回しにしても大丈夫です。要約は文章の主題をまとめた記事全体の雰囲気を決定づける重要なパートであるので、時間をかけてじっくりと書き上げるようにしましょう。

次に記事全体の要約を書くときに抑えておきたいポイントについてお話しします。

記事全体の要約を書くときは、記事内のすべての見出しタグに含まれるサブキーワードをすべて盛り込んでおくようにしてください。この理由は、検索から来たユーザーの求める**答えが記事内にあるということを瞬時にわかるようにしておくため**です。答えが記事内に書かれていることをファーストインプレッションでわかるようにすることで、記事を読み進めてもらえる確率が上がります。

\<head>~\</head>のmeta descriptionも、「各見出しタグに含まれるキーワード」を含めて説明文を書くことで、検索結果で表示される説明文を検索エンジンに勝手に最適化されることを防げます。

図 3-20 / 答えが記事内にあることがわかるようにしておく

記事内の区切りと見出しの基本ルール

　長い文章を書くのは、慣れないうちは趣旨が読み取りにくいものになりがちです。例えば記事を章や節に区切って、ショートストーリー仕立てにしてユーザーが読みやすいようするのも1つの方法です。

　ここからは章や節の見出しのつけ方と、要約のまとめ方を詳しくご説明します。見出しはその章や節に書かれている内容を端的に表したタイトルのことで、長文が読まれづらいWEBコンテンツにおいては大きな役割を果たすものです。わかりやすく的確な見出しをつけることができれば、「この章が何について書かれているのか」をユーザーが記事を読まなくても一瞬で伝えられるというメリットがあります。

　結論ありきの見出しに違和感を覚える人がいるかもしれませんが、ユーザーはすべての文章を読んでいるわけではありません。多くの方は必要な情報だけを知りたいと思っているのです。そのため、流し読みすれば大意がわかるように見出しをつける工夫が必要です。

　見出しは文章を書いたあとに決めるものではなく、文章を書きはじめる前に行なう「章立て」のときに決めてしまいましょう。章立てとは、

章や節にタイトルつけてリスト化することです。ちなみに、章立てを行なってから記事を書きはじめると、サイトで網羅するべき事項やサイトの構成を把握することができるのでおすすめです。

見出しは、細かなことは書かずに結論だけを簡潔にまとめて書くことがポイントです。これは時間をかけずに、必要な情報を得たいと思っているユーザー心理を満たすためです。ただし簡潔でありながらも、内容を具体的に説明する文章になるようにしましょう。

見出しは具体性のある内容にすることも大事です。例えば、「渋谷のラーメン店」のサイトで、「渋谷駅周辺の美味しくて安いラーメン屋」という見出しでは漠然として読みたいという感情はわきませんが、「渋谷駅徒歩圏内の本格醤油ラーメン屋おすすめ5店！」ならどうでしょうか。

見出しは、メインキーワードに関連するキーワードを含めて共起語で構成することが、SEOの面でも重要です。共起語は、Googleが特定のコンテンツの専門性や情報網羅性を評価している1つの要素になっているといわれ、共起語を適切に使用することでコンテンツを検索結果で上位表示させることができるのです。

また、見出しには、メインキーワードと同様に、検索ボリュームが多いキーワードを含めるのも重要です。「あれ」とか「これ」といった代名詞を使ったりせずに、**キーワードを丁寧に記載します。**

人間が読むと同じ意味だったとしても、文字の表現が違うだけで検索ボリュームや検索結果が違うことがあります。例えば「サイフ」というキーワードで検索すると「もしかして：財布」といった具合に、関連する検索語句やよくあるスペル間違いの修正候補、よく検索される語句にGoogleのWebクローラーと検索アルゴリズムによって自動生成されます。

図3-21はGoogleの「もしかして」と呼ばれる機能です。明らかに間違いである場合は正しいキーワードに自動変換されますが、「サイフ」「財布」「さいふ」などの表現がいくつもある場合は、入力したキーワー

ドのまま検索されます。

　図3-22は「さいふ」「サイフ」「財布」のそれぞれで検索したときの検索結果ですが、上位に表示されているサイトやグーグル広告の数がまったく違っているのがわかると思います。このようにワードによって表示される内容が異なる場合があるので、月間検索数と検索結果は必ずチェックしておきましょう。見出しには検索数が多く、上位に上がりやすいワード（一般的な使われ方をするもの）を選ぶことも大事です。

図 3-21 / Google の「もしかして」

図 3-22 /「さいふ」「サイフ」「財布」で検索したときの検索結果

記事は時系列で書く

先述したように、記事はいきなり書きはじめるのではなく、章立てを行なってからにしましょう。これは検索から来たユーザーが、知りたい情報に対する答えを完全に網羅できるようにするためです。

わかりやすい記事にするには**物事を時系列で書く**ことも重要なポイントです。例えば「鯛の釣り方」の記事を書くのなら「道具の揃え方」→「仕掛けの作り方」→「エサのつけ方」→「釣り方のコツ」→「新鮮に魚を持って帰る方法」→「Q&A」→「まとめ」という具合です。人の行動や思考の流れに沿って記事を書くことで、読み手の理解が深まり、具体的でイメージしやすい文章になります。

記事は検索ユーザーの悩みを順番に解決していくように章や節で区切り、その区切りごとに見出しと要約を入れていきましょう。すべてのユーザーが記事の文頭から読みはじめるのではなく、流し読みで知りたい情報が書いている箇所を探し出そうとするのが一般的です。その動線は「見出し」→「要約」→「本文」です。もし目的の情報までたどり着くまでの時間が必要以上にかかったとしたら、離脱に繋がってしまいます。**適切な見出しと要約をうまく配置する**ことで、より使いやすく便利なコンテンツになるでしょう。

私は一度に読んで理解できる限界文字数は2000文字前後と考えています。中身がない無駄な長文は、離脱の原因になるので適正な文章量を心がけましょう。テーマによってはどうしても長文になってしまうことがあるかもしれません。そういうときは適切な文章量で区切り（章や節）を作ることで、読み飽きて離脱するユーザーを減らすことも可能です。1つの区切りの最適な文章量の目安は400〜600文字だと私は考えています。見出しを使うほかに画像を配置することでも区切りになり、ユーザーが疲れることなく読み進めることができます。

記事を書く際にいくつかの章に分けて意図的にユーザーを満足させる

構成にすれば、章の終わりに広告を配置することができます。記事の途中で離脱するユーザーがいても出口を広告にすることできるため、AdSenseの収益を増やすことが可能です。

キーワードが重複する記事ページは作らない

初期にきちんと設計をしていないサイトほど、記事数が増えるにつれコンテンツの管理が難しくなっていきます。特に多いのがテーマ（キーワード）の重複です。サイトの規模が大きくなって記事数が増えると、記事をいくら書いても比例したアクセス数にならないケースがあります。本来は記事を増やせば記事数に比例してアクセスも増えるものですが、そうならない最大の原因は、**同一ドメイン内でキーワードが重複した記事が増えている**ことです。

自分では重複して書いていないつもりでも、Googleから見ると似たような内容と判断されることがあります。重複したキーワードで書かれたコンテンツが多くなればなるほどユーザビリティが下がり、サイトの評価が下がる危険性が高まるので注意しましょう。

基本的に同じキーワードは、1ドメインにつき1コンテンツしか検索上位には表示されません（ライバルが弱いときはこの限りではありません）。1つのドメイン内でキーワード（テーマ）が似ているものを複数作ることはGoogleにとっても意味がありませんが、ユーザーにとっても無駄なページ数を増やすことは百害あって一利なしです。

記事ページのAdSense広告を貼るときのポイント

次に、記事ページのAdSenseの収益を最適化できるAdSense広告の貼り方について説明します。アフィリエイトのサイトとAdSenseのサイトとでは広告の貼り方やクリックのさせ方がまったく違うので、基本をしっかりと覚えましょう。

AdSenseサイトでユーザーが広告をクリックしやすいコンテンツは記事ページです。この理由ですが、記事ページは知りたい答えが書かれているため、読んだユーザーが満足するページだからです。つまり、次にするアクション（次の情報を得たいという欲求行動）がないのです。

　広告をクリックするユーザーは比較的時間に余裕がある場合が多く、何かの作業をしている途中で時間がない状況下のユーザーほど広告をクリックする確率が低くなる傾向にあります。電車の発車時刻を調べるサイトや、ゲームの攻略系サイトなどのクリック率が低くなるのはそのためです。

　AdSenseで収益を上げるには、ユーザーが100％満足する答えが書かれた記事ページに仕上げるということ。何かの行動をしている途中で調べものをしてもとの行動に戻るテーマを選ばないこと。この2つの点を押さえておくことが大切です。

　アフィリエイトは広告をクリックした先で申し込み（購入）をさせるための文章を書く技量が必要です。AdSenseの場合は、**自然とクリックする仕掛けを作る**といった工夫が必要です。

「広告をクリックする仕掛けを作る」と書くと、それは誤ったクリックではないの？　と思ってしまうかもしれませんが、ここでいう仕掛けは誤クリック誘導のことではありません。AdSenseは誤ったクリックが多いサイトの広告単価を下げる仕組みになっていて、収益はむしろ減ってしまいます。

　では、どのような仕掛けがあるのか順に見ていきましょう。

意図的に離脱ポイントを作る

　記事ページではAdSense広告をクリックさせてから離脱させることが、収益をアップさせる上で最も重要です。そのため、広告を貼る位置で収益に大きな差が出ます。絶対にやってはいけないのは、意味もなく記事途中にAdSenseの広告を貼ってしまうことです。

AdSense広告を貼るとページから離脱されて直帰率が上がるという説もあります。しかし、SEO編でも話しましたが、直帰率が低いコンテンツほど質が高いとするアルゴリズムが存在するとすれば、良質な記事は上位にいるはずがありません。検索から来たユーザーが100％満足する答えが載っているコンテンツの直帰率は100％近い数字になるのですから。大事なことは検索画面に戻らせず、そのページのセッションを終わらせることです。

求める答えにたどり着く前に広告をクリックさせて離脱させてしまうと、ユーザーは情報に満足していないため、もとのサイトに戻るか検索結果に戻るかという行動を取る可能性が高くなります。もとのサイトに戻ってくれればいいのですが、広告を見終わったあと検索結果に戻って別のサイトに行った場合、順位低下につながる可能性があるので要注意です。

AdSenseでより多くの収益を上げるには、**広告を貼る枚数を増やすことも**大切な要素になるため、なんとか記事の途中には貼りたいところです。そこで、ユーザーの目的（調べものの答えを見つける）を達成させて記事の途中に貼った広告をクリックさせて離脱させる方法があります。それは、章や節に「意図的な区切り」を作るというものです。

章や節ごとに意図的な離脱ポイントを作り、そこにAdSense広告を貼っておけば、ユーザーを満足させつつ収益をアップさせることが可能です。順位を落とすことなく意図的に離脱させるためには、見出しに対する答えを章や節ごとに必ず落とし込んでおきましょう。

先ほど「鯛の釣り方」というコンテンツを作る場合、「道具の揃え方」「仕掛けの作り方」「エサのつけ方」「釣り方のコツ」「新鮮に魚を持って帰る方法」「Q&A」「まとめ」という見出しに基づいて章や節を作りましょうという話をしました。このような章や節ごとに問題を解決させる記事構成にすれば、章や節の終わりを離脱ポイントにすることができます。

もう少し具体的に説明すると、「鯛釣り　仕掛け」というキーワードで検索したユーザーがサイトに来たとします。鯛釣りは記事タイトルに含まれるキーワード、仕掛けは見出しに含まれるキーワードに設定しているため、検索上位に表示されるという前提です。そのユーザーがサイトに来ると最初にある目次の「仕掛けの作り方」をクリックして記事に移動してくれます。

　そこに100％の答えが書かれていたなら、次に多くのユーザーが取る行動は「ブラウザを閉じる」になるはずです。そこで「仕掛けの作り方」の章と「エサのつけ方」の章の間にAdSenseを設置しておけば、広告をクリックさせて離脱させることができるというわけです。

記事ページの出口はAdSense広告のみが理想

　ハイブリッド構造で作ったテーマ特化型サイトは、1人あたりのセッション数は少なくなるという特徴があります。理由は、ハイブリッド構造は記事下に張ってある内部リンクは1階層上のまとめページ（カテゴリーページ）とサイトのトップページへ戻るためのリンクのみで、常に縦に繋がるリンクを使った移動がメインになる構造になっているからです。

　通常のサイトの場合は横階層へのリンク（関連記事リンク）を張る構造にして、1人当たりのセッション数を増やすことを目標としますが、AdSenseサイトの場合は記事以降のコンテンツ下部はAdSense広告をたくさん貼って、出口は広告という構造にするのが理想です。ユーザーが広告をクリックして離脱するという仕組み作りが収益を上げるコツです。

　関連記事へのリンクがないと直帰率が上がるいう意見もあります。そもそも複数動線がある読み物系サイトと違って、1ページで欲求を完結させる調べる系サイトのユーザーの動線は1系統ではない（知りたい情報がユーザーによって変わる）ので、記事下に関連リンクを張ってもその通りに読み進めてくれるとは限りません。

AdSenseサイトを作るときにハイブリッド構造が適しているのは、1人当たりのセッション数が少なくても検索上位に上げやすいことの他に、ユーザーを1つの記事ページで満足させることができるのも大きな理由です。

　記事ページで勝負している場合はテーマがどうしても大きな単位になるため（昨今の長文SEOが原因で）、1つの記事に複数の答えを書くことが多くなります。まとめページ（カテゴリーページ）で勝負するハイブリッド構造は、まとめページ（カテゴリーページ）からそれぞれのユーザーが求める必要最小単位の個別記事ページを選択してから記事を読むので、記事ページに行ったユーザーは必ず的確な答えを手に入れることができる仕組みになっています。そのため記事ページの出口をAdSense広告のみにしても支障が出ないのです。

CHECK!

1. トップページとまとめページは目次としての役割になる
2. AdSense広告の配置はページごとに貼る位置を工夫しよう
3. 記事ページの出口はアドセンス広告を多めに配置しよう

各コンテンツを公開した後に チェックしておくこと

トップページ・まとめページ（カテゴリーページ）・記事ページ、それぞれ狙ったタイトル名と説明文が検索結果に表示されるかどうかを、実際に検索にかけて必ずチェックしましょう。また、Google Search Console で「Google 検索上でのクエリに対する Google 検索結果」に狙ったワードが表示されているかもチェックしてください。もし狙ったキーワードが表示されていないときは、何度もこの章を読み直してコンテンツを改善する必要があります。

リライト（見直しと修正）を行なう

　検索結果には、クリックしたくなるようなタイトル名と説明文が表示されていますか？　必ずしもキャッチーなタイトルがクリックしたくなるタイトル名ではありません。「この記事なら知りたい答えが載っている」と思うタイトルと説明文を表示させることが、検索結果から**ユーザーを多く呼び込むための秘訣**です。

　思ったようなタイトル名や説明文が表示されていないときは、テーマとコンテンツの関連性に問題があるはずです。記事がテーマに沿って書かれているか？　テーマから逸れていないか？　検索されるワードが含まれているか？　これらの見直しと修正（リライト）を行ないましょう。

　クリック率はタイトルと検索結果に表示されている文章（description）で平均データの数値よりも上げることが可能です。そのためには、検索エンジンの検索結果に表示されるタイトルと説明文がとても重要で、description項目に記載した文章がそのまま表示されている

かを必ずチェックしましょう。

Googleが検索結果上で勝手にタイトルや説明文の書き換えを行なうのは、ユーザーが検索ワードと関連のあるページだと認識しやすくなり、クリック率が向上するといわれています。一見、便利な最適化にも思えますが、言い換えるとページ内のキーワードと設定した説明文の関連性が低い可能性があります。

こちらが意図しない内容に最適化されるときは、「titleタグが長過ぎないか」「titleとdescriptionの関連性はあるか」「titleやdescriptionにキーワードを詰め込み過ぎていないか」「サイト全体のキーワードを含んだ長いサイト名をすべてのコンテンツのtitleタグに入れていないか」などを中心にチェックしてみましょう。

ちなみに、titleタグについて問題点や改善点はGoogle Search Consoleの「サイトのダッシュボード」や「メッセージ」から確認することができます。

サイトに入れるコンテンツの優先度（順番）は？

サイトを作るときに、どのコンテンツから作りはじめてインデックスさせるといいのでしょうか？

コンテンツはアクセスが集まりやすい記事（設定したキーワードの月間検索数の多いものから）から入れていくのが基本です。この理由は、**数字が増えることでモチベーションを維持しやすくなる**からです。

サイト運営は思ったようにいかないことが多く、成功体験が少ない人ほどモチベーションが上がったり下がったりするものです。その精神状態の中で長く継続してやっていくには、「結果が出る」いう確信を持てるかどうかも大きくかかわります。数字に一喜一憂してはいけませんが、数字が増えることはうまくいくと実感する要素の1つです。

142

サイトを完成させるコツ

　サイトを完成させるコツは、最初の3 ～ 6か月までに記事を集中して入れることです。コンテンツの狙ったキーワードが上位に表示されるまでには、最低でも半年～ 1年以上かかることは普通です。その間は検索から来るユーザーはゼロ。作りはじめたころの「さあやるぞ！」という熱い気持ちもゼロ行進だとあっという間に冷めてしまいます。

　モチベーションが下がった状態で、毎日「0（ゼロ）」という数字を目の当たりにしてサイト作成をずっとがんばり続けられるでしょうか。「鉄は熱いうちに打て」ではないですが、**一気に仕上げる気持ちで手を動かしましょう**。ひとまずの区切りは半年が目安です。

　逆説的に考えると、検索結果にページが上がってくるまでは、サイトを訪れるユーザーは1人もいません。この間を有効に使って、サイト内のコンテンツを着々と充実させていきましょう。半年を過ぎると少しずつ検索からユーザーが来るようになりますが、そのときにコンテンツが不足していると満足してもらうことができません。

各まとめページにバランスよく記事を入れていく

　アクセスが集まるコンテンツから入れていくという話をしましたが、できれば各まとめページ（カテゴリーページ）にバランスよく記事を入れていきましょう。1つのテーマに集中して記事を書くのではなく、各まとめページ（カテゴリーページ）に記事をバランスよく、かつ定期的に入れること（内部リンクを増やすこと）で、カテゴリーページがより評価され順位が上がっていきます。

　記事ページを中心に、ロングテールワードは早いタイミングから検索で拾われるようになります。これはこれでうれしいことですが、ロングテールによる集客のことは忘れてください。これまで何度も説明してきたように、ロングテールでは大きなアクセスは集められません。記事

ページで勝負しているうちは安定したアクセスは集められないのです。

大事なことは、まとめページ（カテゴリーページ）を上げることです。そのためにはまとめページ（カテゴリーページ）にリンクを送るための記事ページの充実が最優先です。まとめページ（カテゴリーページ）はお神輿と同じです。担ぎ手が多いほど華麗に見事に練り歩くことができるのです。

コンテンツを作成するペースは？

サイトを立ち上げてからの半年間は、1か月あたり20 〜 30記事を目標にコンテンツを仕込んでいきます。20記事×6か月＝120記事以上となりますが、これは作り手のモチベーションの問題もありますが、少しでも早く記事を検索エンジンに認識させたほうが早く評価がつくというSEO的な意味合いもあります。

特に、まとめページ（カテゴリーページ）の評価が確定するまでは、定期的に**下層の記事ページを増やすこと**が重要なポイントです。定期的にコンテンツが増えている（更新している）サイトは、ユーザーからもGoogleからも高く評価されます。

コンテンツを作りはじめてから1年間は、順位が上がらなくても一切気にする必要はありません。気にするべきは狙ったキーワードに順位がついているかどうかです。サーチコンソールの検索アナリティクスで順位が低くかったとしても、狙ったキーワード（クエリ）に順位がついたかどうかを必ず確認しておきましょう。

コンテンツの画像にクリック率が上がる工夫を！

AdSenseサイトの場合、広告をたくさんクリックしてもらう必要がありますが、バナー広告をクリックすることに抵抗がある人は少なくはあ

りません。ネットユーザーはバナーが広告であることを知っていて画像をクリックすることに抵抗感を持っているからです（特に若い世代は広告への抵抗感が強いユーザー層といわれています）。

　そこで、ユーザーが広告をクリックすることに対する心理的ハードルを下げる工夫が必要です。図3-23は、私のワークショップを受講した生徒さんが作った「千葉県の釣り場」を紹介するサイトのトップページです。ユーザーのバナー広告をクリックする心理的ハードルを下げるために、ある工夫が盛り込んであります。どこに工夫がされているか、わかるでしょうか？

▌図 3-23 / バナー広告をクリックする心理的ハードルを下げる工夫を

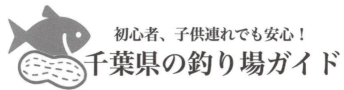

※参考サイト：千葉県の釣り場ガイド（https://chiba-tsuri.net）

その工夫とは、トップページとまとめページ（カテゴリーページ）内の画像リンクのサイズを、Google AdSense広告のレグタングル大と同サイズ336px×280pxにするというものです。

この理由はもうおわかりですね。サイト内でユーザーがAdSense広告と同じサイズのリンク画像を何度もクリックすることで、画像をクリックすることへの抵抗感を緩和させる効果を期待しているわけです。

余談ですが、Google AdSenseの広告は管理画面の広告タイプで、バナー広告（ディスプレイ広告）とテキスト広告の両方が表示されるようにしておけば収益がよくなります。理由としては、バナー広告に抵抗ある人でもテキスト広告ならクリックしてくれる可能性があるのと、Google AdSenseの広告は入札方式で出稿する広告主が多いほど単価が上がるという仕組みになっているためです。

CHECK!

1. タイトルや説明文がGoogleに最適化されるときは記事の見直しと修正を行なう
2. まとめページにバランスよく記事ページを入れていこう
3. 画像サイズはアドセンス広告のサイズと合わせて心理ハードルを下げる

Chapter_4

稼ぎ続けるための
「AdSense」の
運用方法

「AdSenseはサイトに実装したらそれで完了！」
になってはいないでしょうか?
「稼ぎ続けるサイト」を目指すためのAdSenseの運用について、
市場動向、最新のプロダクトの状況、
実装方法から効果測定まで掘り下げて解説します。

Chapter_4

インターネット広告の市場動向

AdSenseのいいところは一度Webサイトに配置すると、自動的に最適な広告が配信され、継続的に収益が発生することです。アフィリエイトのように案件がなくなってプログラムコードを差し替えるといったメンテナンスは必要ありません。一度作ったページにユーザーが継続的に訪問さえしてくれれば、まさに自動販売機のように収益を生み出してくれます。これがAdSenseで収益化する理想的な形です。ただし、自動販売機のようにといえども定期的なメンテナンスが必要ですし、ユーザーの嗜好の変化により求められる情報のトレンドも変わると思います。本項では、動きの早いインターネット広告の世界において、近年どのような変化が起きており、それはAdSenseのプロダクトにどのような影響を与えているかについて解説します。

インターネット広告市場の変化

電通が毎年発表している「日本の広告費」というレポートがあります。その2017年版のインターネット広告に関する部分を電通グループの3社（D2C、CCI、電通）で分析した「2017年 日本の広告費 インターネット広告媒体費 詳細分析」によると、日本のインターネット広告市場においては、ディスプレイ広告（サイトやアプリ上の広告枠に表示する画像、テキストなどの形式の広告）の広告費（40.9%）と、モバイルの広告費（68.1%）が多いということがわかります。また、モバイル広告費は2018年に1兆円を超える見込みになっています。

なお、「日本の広告費」では明確に区分されていなかったネイティブ広告（※）の市場についてはどのような状況となっているのでしょう

※バナーのように広告として目立つものではなく、メディアに溶け込むように表示される広告のこと

▍図 4-1 / 2017 年 日本の広告費 インターネット広告媒体費 詳細分析

❶ インターネット広告媒体費のうち、ディスプレイ広告（40.9％）と
　リスティング広告（39.6％）で全体の80％を占める。
　ビデオ（動画）広告は1155億円で全体の9.5％を占める。

❷ 取引手法別構成比は、運用型広告（77.0％）、
　予約型広告（14.4％）、成果報酬型広告（8.6％）。

❸ デバイス別構成比は、モバイル広告が68.1％、デスクトップ広告が31.9％。

❹ 2018年のインターネット広告媒体費は全体で1兆4000億円を上回り、
　うちモバイル広告は1兆円を超える見込み。

❺ ビデオ（動画）広告は、2018年には約1600億円まで拡大する見込み。

※出典：2017年 日本の広告費 インターネット広告媒体費 詳細分析
　　　　（株式会社 D2C、株式会社サイバー・コミュニケーションズ、株式会社電通、2018年3月
　　　　http://www.dentsu.co.jp/news/release/pdf-cms/2018037-0328.pdf）

か。サイバーエージェントのインフィード広告（ネイティブ広告の一種。本調査におけるインフィード広告の定義は「メディア上で表示されるフィード型コンテンツと同じフォーマットで表示される広告の総称」）に関する調査によると、2017年のインフィード広告市場は、昨年対比36％増の1903億円に達し、そのうちスマートフォン比率は97％とのこと。サイバーエージェントの予測によると、今後も市場は伸び続け、2023年には3921億円に達する（2017年比210％）とされています。

　日本のインターネット広告市場においては、**ディスプレイ広告、モバイル広告、インフィード広告が現在およびこれからの主要なキーワード**となります。

▍AdSenseの変化

　2018年6月現在のAdSenseについて、サイトに実装できる広告を分類してみましょう。長くAdSenseをご利用されている方からしてみると、以前と比較して広告の種類が豊富になっていることに気づくと思います。

図 4-2 / インフィード広告に関する調査

※出典：株式会社サイバーエージェント、株式会社デジタルインファクト、2018年2月
（https://www.cyberagent.co.jp/news/detail/id=21333）

図 4-3 / AdSense 広告の種類①

タイプ	種類
ネイティブ	・インフィード広告 ・記事内広告 ・関連コンテンツ
テキスト広告と ディスプレイ広告	・サイズ規定（横長、縦長、長方形） ・レスポンシブ ・カスタムサイズ ・リンク広告
自動広告	・自動広告（アンカー広告、モバイル全画面広告を含む）

※AdSense管理画面をもとに筆者にて作成
※アプリ向け、ゲーム向け、動画向けAdSenseは除く

図 4-4 / AdSense 広告の種類②

図 4-5 / AdSense 広告の種類③

> **CHECK!**
> 1. 現状、ディスプレイ広告とモバイルの広告費が多い
> 2. インフィード広告市場が伸びており、今後も伸びる予想
> 3. 市場の変化に合わせてAdSenseで使用できる広告の種類が増加している

Chapter_4

29 ディスプレイ広告から
ネイティブ広告へ

日本ではネイティブ広告の市場が伸びています。そして、ディスプレイ広告中心の展開であったAdSenseもネイティブ広告の分野へ進出してきました。その背景には何があるのでしょうか。

ディスプレイ広告がクリックされなくなってきている

2013年にHubspot社（アメリカでマーケティングツールを提供している会社）が発表したディスプレイ広告のクリックに関するデータによると、「ディスプレイ広告におけるクリックのうち85%は8%のインターネットユーザーによって行なわれている」と記載されています（図4-6）。

このデータから、ディスプレイ広告のクリックの大半は一部のユーザーによって行なわれていることがわかります。データは2013年の時点のものなので、本書が執筆されている2018年時点ではさらにこの傾向が進んでいると考えられます（理由は次項で解説します）。

図4-7はアメリカの調査会社であるcomScoreによる調査データです。Hubspotのデータは2013年、comScoreのデータは2008年と年代が異なるため、比率は異なりますが、こちらも一部のインターネットユーザーがディスプレイ広告のクリックの大半を生み出しているという主旨は一致しています。2008年から2013年にかけて、その傾向がより進んでいるということがいえます。

さらに、こちらの調査レポートでは、ディスプレイ広告をクリックしている層（ヘビークリッカー）の傾向を明らかにしています。年齢は25〜44歳、世帯年収は4万ドル以下の層に集中しているとのことです。

152

▌図 4-6 / ディスプレイ広告のクリックに関するデータ

<u>10 Horrifying Stats About Display Advertising</u>

1. ディスプレイ広告がクリックされるよりも、海軍特殊部隊の訓練を完遂できる確率のほうが高い

2. ディスプレイ広告のクリックの「85%」は、わずか「8%」のインターネットユーザーによって行われている

3. ディスプレイ広告がクリックされるよりも、ポーカーでフルハウスが揃う確率のほうが高い

4. 平均的なユーザーが1ヶ月間で目にするディスプレイ広告の数は「1,700件」を超える。あなたはそれらを思い出せますか？

5. ディスプレイ広告がクリックされるよりも、エベレストの登頂に成功する確率のほうが高い

6. ディスプレイ広告の平均的な「クリック率」は「0.1%」

7. ディスプレイ広告がクリックされるよりも、双子を出産する確率のほうが高い

8. およそ「50%」のモバイルディスプレイ広告のクリックは「操作ミス」によるもの

※出典（日本語訳）：ディスプレイ広告の効果に関する衝撃的な「10の事実」、リスティング広告運用支援、
（https://www.gootami.com/archives/4555）

▌図 4-7 / ディスプレイ広告をクリックしている層の傾向

" …… ヘビークリッカーはオンライン人口のわずか6%だが、ディスプレイ広告のクリックに限って見れば、その比率は50%を占める。

多くのオンラインメディア企業が広告料の算出にクリック率を使用しているが、この調査結果を見ると、ヘビークリッカーは一般大衆を代表する存在ではないことがわかる。

実際、ヘビークリッカーは、年齢でいうと25歳～44歳、そして世帯収入4万ドル以下に集中している。

ヘビークリッカーのオンライン活動は、通常のインターネットユーザーと大きく異なる。ヘビークリッカーがオンラインで過ごす時間は、平均的なインターネットユーザーと比べて4倍長いが、その割にオンライン消費額は多くない。またヘビークリッカーは、オークション、ギャンブル、人材サービス関連のサイトを訪問する傾向が強く、一般的なネットサーフィンのアクセス傾向とは著しく異なる。

※出典（日本語訳）：Web担当者Forum、2008年3月
（https://webtan.impress.co.jp/e/2008/03/06/2758）

これらのデータにある通り、**ディスプレイ広告をクリックする層が限定的となってきている点が、ネイティブ広告市場が伸びている要因の1つ**といえそうです。また、AdSense（ディスプレイ広告）において、同じような実装をしていてもサイトにより大きくクリック率が異なりますが、これはディスプレイ広告をクリックする層がよく見るサイトであるかどうかという点が関連しています。これらはアメリカでのデータですが、インターネット広告に関しては、**基本的にアメリカで起きていることは数年後に日本で起きる**ため、日本でも同様の状況になるであろうと予測されています。

ディスプレイ広告のクリック率の推移

　日本のサイトにおける、ディスプレイ広告のクリック率の推移を見てみましょう。具体的なサイト名は明らかにされていませんが、ポータル

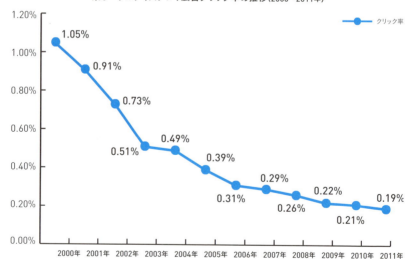

図4-8 / 某ポータルサイトにおけるディスプレイ広告クリック率の推移

※出典：スタートライズ広告ニュース、2012年9月（http://www.startrise.jp/columuns/view/4140）

サイトとあるので大規模なWebサイトだと想像できます。このデータでは**10年間でクリック率が約8割下がっています**。仮にサイトのPVが変わらなかった場合、100クリックが20クリックになってしまったということです。収益額に言い換えると、もしクリック単価（仮にクリック単価を100円とする）が変わらなければ、1万円の広告収益が2000円になってしまったということです。AdSenseのようにクリック課金が主である収益化方法を利用している場合、**クリック率が低下することは、収益の低下に直結する問題**です。

また、図4-9はアメリカでのデータですが、Banner Ad（バナー広告＝ディスプレイ広告）のクリック率が2000年には9%であったのが、2012年には0.2%になったというように、アメリカにおいてもディスプレイ広告のクリック率が低下傾向にあることがわかります。

ディスプレイ広告をクリックする層が限定的になり、クリック率が低下傾向にあります。とはいえ、前項で触れた通り、日本市場においてディスプレイ広告の市場はまだまだ大きく（2017年で4988億円）、サイトの収益化にあたっては無視できない存在です。ですが、従来のディスプレイ広告のみだと広告主、メディア双方のニーズを満たしにくい状況になっているといえます。

図4-9 / アメリカのディスプレイ広告のクリック率の推移

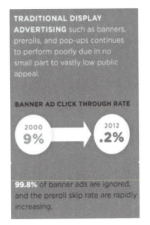

※出典：INFOGRAPHIC: Native Advertising in Context, Solve media, 2013年, http://news.solvemedia.com/post/37787487410/native-advertising-in-context-infographic

ネイティブ広告のクリック率

次にネイティブ広告のクリック率について見てみましょう。

図4-10はYahoo! Japanのスマホサイトでのリニューアルの事例です。リニューアル前はディスプレイ広告のみの実装であったYahoo! TOPページですが、リニューアル後はネイティブ広告（インフィード広告）を積極的に採用したユーザーインターフェースとなりました。

図 4-10 / Yahoo! Japan スマホサイトでのリニューアルの事例

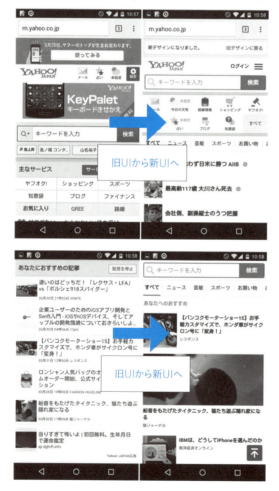

※出典：OCTOBA、2015年4月
（https://octoba.net/archives/20150401-android-news-yahoo-japan-renewal.htmlInsider by HubSpot blogs in 2013）

図4-11 / インフィード広告を採用したユーザーインターフェース

リニューアル後はネイティブ広告（インフィード広告）を積極的に採用したユーザーインターフェースになった

※出典：Yahoo! トップページ（https://m.yahoo.co.jp/）

　図4-12の資料によると、クリック数は2倍以上になったということからクリック率が向上したことがうかがえます。また、クリックユニークブラウザ数が2倍になっていますが、これは広告をクリックしたユーザー数と置き換えていただいて差し支えないかと思います。

　今までのTOPページでは広告（ディスプレイ広告）をクリックしなかったユーザーが、ネイティブ広告（インフィード広告）になったことによりクリックしたということを表しています。また、ディスプレイ広告をクリックしない層からのクリックを獲得できたということも表しています。広告主にとって最も重要な指標の1つであるコンバージョン（申し込み・購入）もネイティブ広告（インフィード広告）のほうが20％多いという結果でした。これは**クリック率が高いだけではなく、成果にもつながっている**ということがいえます。

▎図 4-12 / Yahoo! Japan スマホサイトでのリニューアル後の数値比較

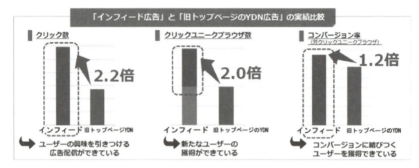

※出典：Yahoo! JAPAN プロモーション広告 公式ラーニングポータル、2017年11月
（https://promotionalads.yahoo.co.jp/online/infeed.html）

CHECK!

1. ディスプレイ広告をクリックするユーザー層は限定的
2. 長い目で見るとディスプレイ広告のクリック率は低下傾向にある
3. 日本最大のサイトであるYahoo! Japanでもインフィード広告を積極的に活用している

ネイティブ広告とは何か？

Chapter_4

30

本書でも今までに度々出てきた「ネイティブ広告」は、ディスプレイ広告とは何が違うのでしょうか。ネイティブ広告にはいくつかの種類があります。AdSenseのネイティブ広告を効果的に活用できるよう、ネイティブ広告の種類とそれぞれの特徴を理解しましょう。

ネイティブ広告の種類

　JIAA（一般社団法人日本インタラクティブ広告協会）によると、ネイティブ広告とは「デザイン、内容、フォーマットが、媒体社が編集する記事・コンテンツの形式や提供するサービスの機能と同様でそれらと一体化しており、ユーザーの情報利用体験を妨げない広告を指す」と定義されています。ディスプレイ広告と大きく異なる点は「サイトのデザインに馴染み」という点です。また、「ユーザーの情報利用体験を妨げない」という点も大きな特徴といえます（既存の広告は、ユーザーにとって記事を読むのに邪魔であるという認識がされがちです）。

　アメリカのオンライン広告に関する団体であるIAB（Interactive Advertising Bureau）が「THE NATIVE ADVERTISING PLAYBOOK - IAB」としてネイティブ広告の6つに分類し、それぞれを定義しています（図4-13）。

　一口にネイティブ広告といっても実はこれだけ細かく分かれていることがわかります。単に「ネイティブ広告」といった場合、ある人にとっては、それはFacebookのフィード内に表示される「インフィード広告」のことを想像したり、またある人にとっては純広告として販売されている記事広告（「カスタム型」）を想像したりと、お互いに違うタイプの広

告を指している可能性があります。そのため、「ネイティブ広告」を話題にする際、どの分類について話しているかを確認することが大切です。

▎図4-13 / ネイティブ広告の分類

カテゴリー名	具体例
インフィード広告	Facebookのフィード広告、Twitterのプロモーテッドツイート、グノシーの広告など。スマートフォン広告の起爆剤として期待がかかる。
検索連動型	検索サイトにおけるキーワード連動型の広告。ただし、検索連動型広告をネイティブ広告として扱う場合、誘導先がLPではなく自然検索と同様のコンテンツであることが条件となる。
レコメンドウィジェット型	米アウトブレインやpopinが提供するサービスなどが該当する。ニュースサイトの記事下などに表示すく、記事レコメンドの中に広告を含む手法。
プロモートリスティング広告	ぐるなびの検索連動型広告や、地図アプリ上に表示する店舗情報の広告など。編集コンテンツを持っていないサイトで、サービスの利用体験とシームレスにデザインされた広告手法。
ネイティブ要素を持つインアド広告（IABスタンダード）	ディスプレイ広告の枠内に、コンテンツ型の広告を表示する。ただし、配信する枠はIABが定めるディスプレイ広告枠の基準にのっとる必要がある。
カスタム広告	5つのカテゴリーにあてはまらない手法。ただし、媒体ごとの特性や体裁に合わせなければならない。他の記事と体裁をそろえた記事体広告や、音楽配信サイトにおいて、企業が広告として制作したプレイリストを配信する手法などがある。

※出典：日経ビジネスオンライン IAB6分類の解説、2015年12月
（https://business.nikkeibp.co.jp/atcl/skillup/15/112500009/112600006/）

　なお、ネイティブ広告は比較的新しいジャンルですが、インターネットユーザーには以前からお馴染みのフォーマットです。Googleで検索すると、検索キーワードに連動し、サイトの上部、下部に広告が表示される場合があります（IABの検索連動型）。この広告はGoogle AdWordsとして広く知られた広告プロダクトです。このようにGoogleは以前からネイティブ広告に取り組んでいるのです。

図4-14 / Google は以前からネイティブ広告に取り組んでいる

※Google検索での「ノートパソコン」での検索結果（スマホ）

※Google検索での「ノートパソコン」での検索結果（PC）

AdSenseのネイティブ広告

2018年現在、AdSenseで使用できるネイティブ広告について、IABの6分類のうち、どれに当てはまるか、ならびに、適切と考えられる実装個所をまとめました（図4-15）。

図4-15 / AdSense で使用できるネイティブ広告

AdSense	IAB6分類	実装個所
インフィード広告	インフィード型	TOPページ、カテゴリページ。記事ページ。ランキング、関連記事等のモジュール内に実装可能。
記事内広告	カスタム型	記事ページ。 文中に実装可能。
関連コンテンツ	レコメンドウィジェット型	記事ページ。 記事の下に実装可能。

※Inside AdSenseと「THE NATIVE ADVERTISING PLAYBOOK - IAB」をもとに筆者が作成

プロダクトの特性として、それぞれ**適切と考えらえる実装箇所があるので、基本的にそれにしたがって実装する**のがいいでしょう。

なお、いずれのジャンルにおいてもAdSenseは後発です。これはAdSenseに限った話ではないですが、すでにある程度の市場が出来上がっているジャンルに対して、後から参入し、シェアを奪っていくというのはGoogleの得意とするやり方です。ネイティブ広告のジャンルにおいても同様の進め方をしています。

メディアにおけるネイティブ広告の採用状況

メディアにおけるネイティブ広告の採用状況について。図4-16を見てください。

図4-16 / メディアにおけるネイティブ広告の採用状況

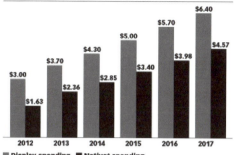

出典：(米MDG Advertising社、2014年4月)

出典：(米eMarketer社、2013年)

　これはアメリカでのデータで、かつAdSenseに限らないものですが、ネイティブ広告の広告出稿額は2012年から2017年にかけて2.8倍に成長しているのがわかります（2013年時点での予測）。それだけ多くの広告主がネイティブ広告に出稿しているということが読み取れます。

　メディア側から見ると、75%のメディアがネイティブ広告を導入しており、導入を検討しているメディアも含めると90%もの数値になっています。広告主が予算を投じているのに呼応し、メディアの収益向上策としてネイティブ広告が使われていることが確認できます。

　なお、筆者がコンサルティングをしているサイトは日本の優良メディアであり、PVで数百万/月〜数億/月、広告収益においては、数百万円

/月〜数千万円/月という規模となります。これらのサイトでも2015年当時はディスプレイ広告での収益化がメインでした。各サイトで異なりますが、概ね8割程度の収益がディスプレイ広告から発生していました。それが2016年以降、変化をしており、**2018年現在ではネイティブ広告のほうが収益が多いというサイトもでてきています**。ディスプレイ広告とネイティブ広告を併用し、広告収益を向上させるというのが最近のトレンドといえます。

CHECK!

1. メディアでのネイティブ広告の採用が伸びている
2. ネイティブ広告の特性に合わせた実装をする
3. 収益向上のためにディスプレイ広告と
   ネイティブ広告を併用する

AdSenseネイティブ広告の活用方法

Chapter_4
31

この項ではAdSenseネイティブ広告の活用方法について、具体的な事例も交えてお伝えします。なお、得られる効果はサイトにより異なるため、活用方法、事例としてご紹介した例と同じ実装をしたとしても同様の結果になるとは限りません。あくまでも1つの事例として参考にしてください。

インフィード広告の活用方法

インフィード広告とは、その名の通り、フィード（feed）の中（in）に表示される広告のことで、Webサイトの見出しと見出しの間、コンテンツとコンテンツの間などに表示される広告のことを指します。そのため、記事の途中に表示されるものは厳密にはインフィード広告ではなく、AdSenseにおいても、そのような広告は「記事内広告」として提供されています。

それでは、インフィード広告はどのような箇所に実装すると効果的なのでしょうか。

代表的な箇所は関連記事や新着記事など、他記事のリンクをまとめた固まりの中です。例えば、関連記事モジュール内の2本目と8本目にインフィード広告を入れるなどがそうです。弊社クライアントにて最も広告で稼いでいる箇所は、記事下にあるディスプレイ広告よりさらに下にある関連記事モジュール内に実装しているインフィード広告です。そのサイトはPVが多いということもありますが、**関連記事モジュール内に2本のインフィード広告を入れ、それだけで月間数百万円の収益となっています。**

図 4-17 / インフィード広告と記事内広告の違い

インフィード広告　　　　　　　　**記事内広告**

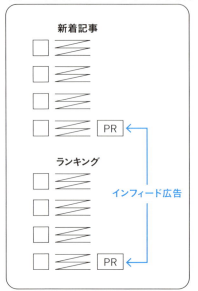

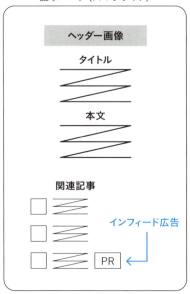

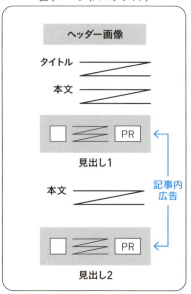

インフィード広告も記事内広告も、サイトのデザインに馴染んだ広告という点では同じ。主に実装されるページ、場所による違い。

その他に挙げられるのは、上記と似た個所になり、**ランキング内への実装です。日本人はランキングが好きだ**といわれていますが、実際にみなさんのサイトでもよくランキングのコンテンツからの誘導が多いのではないでしょうか。ランキングモジュール内の一番上、一番下にインフィード広告を実装するのはよくあるパターンです。

　インフィード広告は記事ページだけでなく、TOPページ、カテゴリページへ実装するのもいいでしょう。ただし、これらのページはユーザーを記事ページへ誘導することが主目的かと思われるので、過度な実装は避けましょう。

　また、インフィード広告を実装する際は、アクティブビューに着目しましょう。AdSenseにはアクティブビューという便利な指標があります。広告の半分以上の個所が1秒以上ユーザーの目に留まるとアクティブビューとしてカウントされます。当然ですが、ユーザーの目に留まらない広告は、ユーザーに認識されず、クリックされることはありませ

▍図 4-18 / 関連記事モジュール内に実装しているインフィード広告

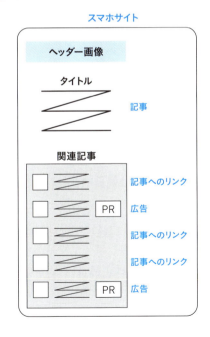

ん。広告がクリックされるには、ユーザーの目に留まる必要があるので、**アクティブビューの高い箇所へインフィード広告を実装することが重要**です。

各広告ユニットのアクティブビューはAdSense管理画面から下記の手順で確認可能です。

> パフォーマンスレポート > デフォルトのレポート
> > レポートタイプで広告ユニットを選択

広告ユニットの実装箇所を変更、効果検証をし、アクティブビューの高い箇所を探しましょう。

インフィード広告の事例

ブログランキングサイトとして著名なサイトにwith2.netがあります。このサイトはサイトの特性上、ほぼフィードで構成されているため、インフィード広告との相性がいいと考えられます。このサイトは以前からランキングページ内にインフィード広告を実装していました。インフィード広告としては、AdSenseは後発のため、当初は他事業者のインフィード広告を実装し、収益化していました。その後、AdSenseのインフィード広告がリリースされ、そのタイミングで既存事業者のインフィード広告とAdSenseインフィード広告とでABテストを行ないました。

AdSenseのインフィード広告と他事業者のインフィード広告とを比較した結果は、次のようになりました。

CTR（クリック率。クリック数 ÷ 広告の表示回数。Click Through Rateの略）: -13%、CPC（1クリックあたりの単価。収益 ÷ クリック数。Cost Per Clickの略）: +148%、eCPM（広告1000回表示あたりの収益。収益 ÷ 広告の表示回数 x 1000。Cost Per Milleの略）: +121%。AdSenseのインフィード広告はフルカスタマイズができない

こともあり、他事業者よりCTRが低くなっていますが（事業者にもよるが、AdSense以外のインフィード広告は柔軟にクリエイティブをカスタマイズでき、よりサイトに馴染ませることができることから高いCTRになっている）、広告主数が多いことからCPCが高く、結果として他事業者より収益性（eCPM）が2倍以上高くなりました。

with2.netでは元々はディスプレイ広告のみで収益化を行なっていましたが、2018年7月現在、**インフィード広告からの収益はサイト全体の収益の30%以上を占めるに至っています**（AdSense以外のインフィード広告も配信されている）。実装個所は、活用方法の個所にもあった、まさにランキング内への実装。ランキングの一番上、真ん中、下段と3本の実装となっています。**やはりクリック率が最も高いのは一番上の広告ユニットです**。

図4-19 / インフィード広告の事例

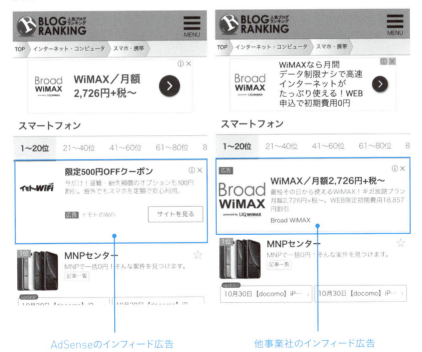

AdSenseのインフィード広告　　他事業社のインフィード広告

出典：with2.net

インフィード広告の実装方法

　インフィード広告は、リリース当初はAdSense管理画面内でCSSを編集してレイアウトの調整をする必要があるなど、広告タグの作成に際しては、難易度が高かったのですが、現在は随分と簡単になりました。多くの事業者にてインフィード広告を提供していますが、ここまで簡単に広告タグを作成できるサービスは他にないと思われます。

　広告タグを作成するには、「自動で広告スタイルを作成する」と「手動で広告スタイルを作成する」の2パターンあります。**おすすめは前者の「自動で広告スタイルを作成する」です**。まずは、こちらで大枠のレイアウトを作成し、サイトに合わせて微調整をするといいでしょう。

　こちらのパターンの場合、インフィード広告を実装したいサイトのURLを入力するだけで、AdSenseのシステムがサイトをスキャンし、最適と思われるレイアウトを作成してくれます。もちろん、作成されたレイアウトを修正することも可能です。

「手動で広告スタイルを作成する」の場合、4つのテンプレートから選択し、レイアウトを作成します。その際の注意点ですが、「テキストのみ」のテンプレート以外から選択するということです（「テキストのみ」が最もサイトに合致するという場合はこの限りではありませんが）。これはインフィード広告は画像+テキストというレイアウトが一般的であり、そのほうがクリック率も高いためです。

　また、「自動で広告スタイルを作成する」と「手動で広告スタイルを作成する」のいずれのパターンでレイアウトを作成する場合においても、フォント、テキストの折り返し有無、背景色、枠線の有無・色、パディング、画像（左揃え、右揃えなど）、見出しテキスト・説明テキストの長さなどを調整することができます。こちらについては、このレイアウトが一般的に最もいいというパターンはありません。なぜなら、ネイティブ広告は、広告のデザインがサイトのコンテンツと一体化してい

図 4-20 / 「自動で広告スタイルを作成する」からの作成

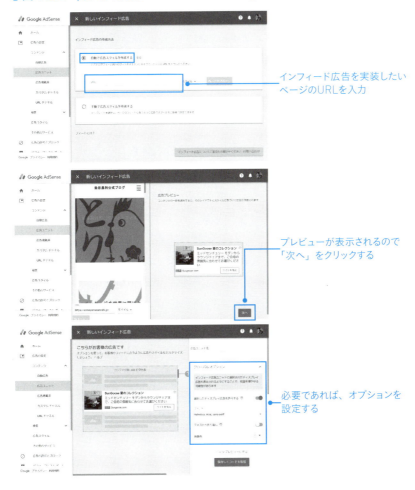

図 4-21 / 「手動で広告スタイルを作成する」からの作成

るという特徴があるので、**サイトごとに最適なレイアウトは異なる**からです。そのような意味でも、まずは「自動で広告スタイルを作成する」で作成し、微調整という手順がいいでしょう（特にインフィード広告をはじめて実装される方にはおすすめです）。

なお、AdSenseのインフィード広告で編集可能な箇所について、詳しくは下記のヘルプページをご参照ください。

AdSenseヘルプ - インフィード広告のカスタマイズ
https://support.google.com/adsense/answer/7180018

前述の通り、どのサイトにも共通しておすすめのレイアウトはありません。「選択したディスプレイ広告を許可する」についてはご注意ください。こちらはデフォルトではONになっています。インフィード広告の広告ユニットにディスプレイ広告も配信するか否かというオプションです。これをONにすることで、収益性が向上する可能性はありますが、インフィード広告だけではなく、ディスプレイ広告が配信されることもあるため、実装する個所によっては、サイトのレイアウト上、違和感のある形になってしまう可能性があります。収益重視の場合、ONにすることになるかと思いますが（場合によっては違和感がありクリック率が下がることで収益性向上につながらないこともあるでしょう）、ユーザーエクスペリエンスを重視する場合、OFFにしたほうがいいでしょう。筆者としてはOFFにすることをおすすめします。せっかくのネイティブ広告なので、ディスプレイ広告を配信することはないからです。

記事内広告の活用方法

記事内広告はインフィード広告と似ていますが、厳密には区別されています。記事内広告はその名の通り、記事ページで、かつ記事内に実装する広告です。この広告のリリースにより、広告を実装したいが、サイ

トのレイアウト上、ディスプレイ広告だと浮いてしまう、広告が邪魔になってしまうという箇所を収益化することが可能になりました。2016年にはAdSenseにおいて、**1ページ内の最大広告実装数が緩和されたことで**（以前は1ページ内に3つまでの制限）、より一層使いやすくなったのではないでしょうか。

　おすすめの実装箇所は、タイトルの近辺、目次の近辺、段落の近辺です（Googleもこのように推奨しています）。インフィード広告の活用方法でも触れたように、人の目が留まる個所がよく、記事内広告の場合は、それに加えて、文章と文章の区切りなどで離脱する可能性がある個所への実装がおすすめです。

　すべての区切りに入れる必要はないと思いますが、コンテンツが長く、文章の区切りが多くある場合、1つだけではなく複数の記事内広告を実装してもいいでしょう。なお、記事内に広告を実装することで離脱率が高まってしまうと懸念されるかもしれません。**理想は、元々、離脱ポイントであった個所に記事内広告を実装し、離脱率は変わらずに、収益が増加すること**です。本当にそうなったかどうか、収益は増加したが許容できないくらい離脱率が上がってしまったかについては、検証するしかありません。広告実装後にAdSense管理画面とAnalyticsで効果検証をしましょう。記事内広告に限った話ではありませんが、**何か新しい施策を実施した際は必ず効果検証をし、その実装を継続するか、元に戻すかの判断をしましょう。**

　また、目次などの下に実装する場合、ポリシー違反の警告を受けてしまう可能性があるので、広告の上に「スポンサーリンク」などの記載をすることをおすすめします。

記事内広告の事例

　CuRAZYでは、タイトル下に記事内広告を実装しています。当初、該当の個所にはディスプレイ広告の実装を検討されていたのですが、

▎図 4-22 / 記事内広告の事例

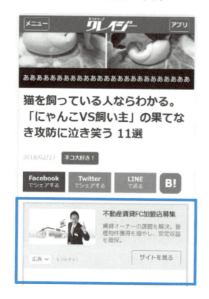

出典：CuRAZY

　ユーザーエクスペリエンスを考慮し、ネイティブ広告である記事内広告を実装しています。

　また、ABテストを他事業者と行ないました。Adsenseの記事内広告では、「サイトを見る」が必須で表示されてしまう半面、他事業者の広告では、代わりに「PR」の表示にできる（「サイトを見る」より小さくできる）など、レイアウトのカスタマイズ性の違いからクリック率は他事業者に軍配が上がりました。

　しかし、やはりクリック単価は高く、他事業者の+20％以上となっています。今まで何も広告を実装できていなかった個所に実装でき、サイト全体のクリック数を増加させることに寄与しています。また、サイトにあったレイアウトのため、ユーザーエクスペリエンスを損なっていないと考えているそうです。

記事内広告の実装方法

広告タグの作成方法はインフィード広告より簡単です。必須で行なわなくてはいけないのは、広告ユニット名を入力することだけです。レスポンシブ対応になっているので、サイズを指定する必要もありません。インフィード広告と同様にフォント、タイトルテキストの長さ、説明文の長さ、背景色などを変更可能です。私は、デフォルトでONになっている「Google で最適化されたスタイルを使用する」のオプションに任せることをおすすめします。

このオプションを選択することで、AdSenseのシステムが広告の配色やフォントを自動的に最適化してくれるためです。こだわりの配色やフォントがある場合や、上記オプションがうまく機能していないと思われる場合以外は、システムに任せてしまいましょう。

図 4-23 / 記事内広告の実装方法の事例

関連コンテンツユニットの活用方法

　AdSenseの関連コンテンツユニットは、IABによるネイティブ広告6分類のうちレコメンドウィジェット型に属するものです。そもそも、レコメンドウィジェットというのは、どういうものなのでしょうか。意識するしないにかかわらず、みなさんも一度は目にしているはずです。グローバルではOutbrain Inc.が提供しているOutbrain、日本国内ではpopIn株式会社（2015年5月に中国の検索大手「Baidu（百度）」の子会社に）が提供しているpopInが有名です。

　いずれもAdSenseの関連コンテンツユニットより先に提供されていたサービスです。レコメンドウィジェットの名の通り、ウィジェット内に、システムがユーザーに推奨する（レコメンド）サイト内の他記事を表示し、加えて広告を表示してくれます。これにより、サイト運営者に対しては、サイト回遊率の向上と、広告収益を提供し、ユーザーに対し

図4-24 /popIn が実装されているサイトの例

※出典：gori.me（レコメンドウィジェットとしてpopInを実装）

ては、自分に合ったコンテンツ発見の機会と、広告を提供してくれるものとなります。なお、あくまでもネイティブ広告となるので、広告といえどもクリックした先はコンテンツであることが規約として求められています（ECサイトの商品詳細ページなどはNG）。

こちらについては、**既存の関連記事モジュールの代わりに実装するというのが主な活用方法**です。WordPressでは、「Yet Another Related Posts」「WordPress Related Posts」などの関連記事を自動で表示してくれるプラグインがあります。これらはユーザーに対して関連記事を提供しますが、プラグイン内に広告は表示されません。これをAdSenseの関連コンテンツユニットに置き換えることで、関連記事を提供する機能はそのままに、モジュール内に広告も表示されるので、該当箇所を新たな収益源とすることができます。

なお、関連コンテンツユニットは、他のネイティブ広告（インフィード広告、記事内広告）とは異なり、実装個所は限られるでしょう。**基本的には記事の下への実装となります。記事の下にディスプレイ広告を実装し、その下に関連コンテンツユニットを実装、もしくは、記事の下に直接関連コンテンツユニットを実装、いずれかのパターンが多いです。**

関連コンテンツユニットの事例

この本の執筆者の1人である、のんくらさんが作成したサイト「Sophisticated Hotel lounge」において、記事下に関連コンテンツユニットを実装した結果、サイト全体のクリック率（ページCTR）が約1.5倍になりました。既存の広告ユニットはそのままで、関連コンテンツユニットを追加で実装した結果です。既存の広告ユニットのクリック数はそのままで、関連コンテンツユニットのクリック数分が純増したためです。関連コンテンツユニットを実装後、回遊率（Analyticsのページ/セッション）に悪い影響はありませんでした。今までは、記事の読了後にそのままサイトを去っていたユーザーが興味のある広告を発見、クリックして離脱してくれるようになったといえます（図4-25）。

▎図 4-25／関連コンテンツユニットの活用方法の事例

※出典：Sophisticated Hotel lounge

関連コンテンツユニットの実装方法

　Googleの基準を満たしたサイトは「広告の設定 > 広告ユニット」から関連コンテンツユニットの広告タグを作成できます（具体的な数値は明らかにされていませんが、現状、関連コンテンツユニットは、一定以上のPVとページ数があるサイトでのみ使用可能）。

　関連コンテンツユニットは記事内広告と同様、簡単に広告タグを作成できます。広告タグを作成する際には、下記の設定が可能です。

> **広告タグの設定**
>
> ・広告オプション
>   関連コンテンツユニット内に広告を出す出さないの設定可能。
> ・スタイル
>   フォントの選択、タイトル色、URL色、背景色の変更が可能。
>   サイトで使用しているフォントとカラーに合わせましょう。
> ・サイズ
>   関連コンテンツユニットをレスポンシブにするかサイズを規定するかの選択が可能。

　なお、ユニットのカスタマイズもできるようになっています。他事業者のレコメンドウィジェットでは、サイト運営者がカスタマイズできる余地はほぼないため、その点においてAdSenseに優位点があるといえるでしょう。

　詳細は次ページに紹介するヘルプページを見ていただければと思いますが、関連コンテンツユニットの広告コードを編集することで、次のレ

図 4-26 / 関連コンテンツユニットのカスタマイズ

イアウト調整が可能です（ヘルプページの記載にしたがい、Googleに許可された形式で広告コードを編集しましょう）。

- ・レイアウトの変更
- - 画像とテキストを横に並べて表示
- - テキストの上に画像を配置
- - テキストのみ
- ・関連コンテンツユニット内の行数と列数を指定

なお、現状では、関連コンテンツユニット内に表示される広告の本数や場所を制御することはできません。

AdSenseヘルプ

- レスポンシブ対応の関連コンテンツ ユニットをカスタマイズする方法

https://support.google.com/adsense/
answer/7533385?hl=ja

CHECK!

1. AdSenseのネイティブ広告は他事業者と比較してクリック単価が高い傾向

2. ネイティブ広告により、今まで収益化できなかった箇所の収益化が可能に

3. システムがある程度自動的に広告タグを生成してくれるため実装も簡単に

Chapter_4

32

ディスプレイ広告の活用方法

ネイティブ広告が注目を浴びているなか、いまだにディスプレイ広告の市場は大きく、多くの広告主が出稿している状況です（2017年で4988億円の市場規模）。2018年時点はもちろん、今後、数年においても、AdSesneサイト運営者にとっても収益源として欠かせないでしょう。また、AdSesneポリシーの変更、新しいプロダクトのリリース、既存プロダクトの改善などにより、新たな最適化施策が実施できる状況となっています。本項では、ディスプレイ広告の活用方法についてまとめます。

リンク広告の活用

　リンク広告は、以前はリンクユニットという名称で利用できた広告ユニットです。日本では2010年ごろまではよく利用されていた広告ですが、その後、AdSenseにおいてディスプレイ広告が主流となるにしたがい、徐々に使われなくなってきた広告です。2010年ごろまではサイト上に掲載されたリンクユニット1つで月間100万円以上の収益を稼いでいた大手サイトもありました。

　リンク広告はサイトに馴染みやすく、小さなスペースであっても実装できるというメリットがある反面、リンク広告をクリックした後に表示される広告をさらにクリック（要は2回クリック）されないと収益にならず、かつスマホに対応していなかったというデメリットがあったことで、下火になっていました。

　そこで、2017年からレスポンシブ対応し、名称もリンク広告と変更されました。このバージョンアップにより、スマホサイトへも実装でき

181

ることとなり、元々あったサイトに馴染みやすいというネイティブっぽさが受け、人気が再燃しています。企業が運営する大手メディアでの使用率は低いですが、個人が運営されるメディア、ブログではよく見られる実装です。

具体的な実装個所としては、記事タイトルの近辺や目次の近辺がいいでしょう。リンク広告はテキストのみの広告となるので、テキストが違和感なく馴染む個所がベストです。リンク広告はコンテンツ内の文字列をもとにリンクを生成するので、一見すると、目次や関連記事のように見えます。

また、リンク広告は2回クリックされないと収益にはならないため、最もクリック率の高いと考えられる記事下などの個所には実装しないほうがいいでしょう。これらの広告枠はサイトにおけるメインの収益源となるため、そこには1回のクリックで収益となる通常のディスプレイ広告や記事内広告を実装するのがおすすめです。

最後に、リンク広告も広告であることには変わりありません。たまにスマホサイトのファーストビューにおいて、ディスプレイ広告のすぐ下にリンク広告を実装しているサイトが見られます。この配置は、あまりにもファーストビューへの広告実装が過多になり、検索エンジンの評価が下がってしまう懸念があります。実際に弊社のクライアントでもコンテンツ量と比較して、広告の実装が過多になることで、Google検索での順位が低下し、PVが激減したことがありました（その後、広告実装を元に戻したことで、PVも元に戻りました）。

収益性を重視するのはいいですが、ユーザー目線で広告が過多になる実装は避けましょう。収益性とユーザーエクスペリエンスのバランスが大事です。

ファーストビューへの300x250の実装

以前はスマホサイトのファーストビューへ300x250のような大きなサイズのディスプレイ広告を実装することは、コンテンツを押し下げ、

図 4-27 / リンク広告（スマートフォン）

※出典：Sophisticated Hotel lounge

図 4-28 / リンク広告（PCサイト）

ユーザーエクスペリエンスを損ねるためにポリシー違反でしたが、2017年に緩和されました（※）。筆者の推測になりますが、背景としてはスマホの大型化により、ファーストビュー自体が広くなったことで、そこにレクタングルサイズの広告が実装されていても以前ほどユーザーエクスペリエンスを損なわないという判断があったと考えていま

※Inside AdSense：https://adsense.googleblog.com/2017/05/may2017-policy-update.html - More advertising options for the mobile web

図 4-29 / Android スマートフォン画面サイズ推移

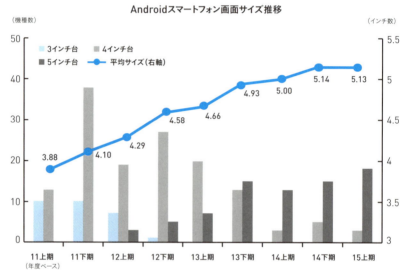

※出典：https://k-tai.watch.impress.co.jp/docs/column/mca/719659.html（2011年度上期（2011年4月〜9月）以降に各携帯電話会社が発売したAndroidスマートフォンの画面インチ数別の分布状況と、各期間における平均インチ数の推移）

す。

「gori.me」ではポリシー変更を機に、300x250の実装位置をタイトル画像下からサイト上部に移動しました。これにより、該当広告ユニットのアクティブビュー率が29%→48%へ上昇。インプレッション収益は2倍以上となりました。懸念していた直帰率、離脱率の上昇も見られず、サイトの回遊率に悪影響を与えることなく収益の向上ができたことで、この実装を継続しています。

▌図 4-30 / 300x250 の実装位置をタイトル画像下からサイト上部に移動

※参考サイト：gori.me

　なお、ポリシーの変更により、ファーストビューへのレクタングルサイズの実装が可能にはなりましたが、あくまでも「ユーザーエクスペリエンスを損なわない範囲で」とあるので、ユーザーがコンテンツを閲覧する際に邪魔になってしまうような実装や誤クリックを招くような実装は控えましょう。

　具体的には、サイト上部にレクタングルサイズの広告を上下に2本並べて表示させる、広告の上部に紛らわしい見出しがあるなどです。例えば、「記事一覧」などの見出しの下にAdSenseのレクタングル広告が表示されることで、ユーザーがAdSenseのことを記事へのリンクと勘違いしてしまい、誤クリックとなってしまうなどが該当します（後者の場合、広告の上部に「スポンサーリンク」などの表記をしましょう）。

　加えて、**サイトの上部にレクタングルサイズの広告を実装することはおすすめではありません**。スマホサイトの場合、ユーザーはコンテンツ

閲覧のために下にスクロールします。サイトの上部に大型の広告が実装されていると、すぐに下にスクロールさせてしまうため、せっかくの広告が見えなくなってしまいクリックにつながりません。データを検証しながらアクティブビューの高い箇所に実装しましょう。

また、実装を変更後は必ず収益とユーザーの行動にどのような変化があったのか（もしくはなかったのか）をAdSense管理画面とアクセス解析ツールで検証します。本施策の場合、具体的には、AdSense管理画面にて、アクティブビューとクリック率の変化、Analyticsにて回遊率（ページ/セッション）の変化を見てください。

■ レスポンシブ広告

レスポンシブ広告は、スマホ時代の代表的な広告ともいえます。GoogleがレスポンシブWebデザインを推奨するに伴いリリースされた広告です。レスポンシブサイトを運営されていて、この広告を使用されているサイト運営者も多いのではないでしょうか。

メリットとしては、PC用、スマホ用と広告ユニットを分ける必要がなく、1つの広告ユニットがユーザーのデバイスに合わせて適切なサイズに自動的に形を変えてくれることです。管理する広告ユニットの数が少なく済むということはそれだけ運用にかかるリソースが少なくなるということで、余裕が生まれたリソースを、コンテンツを充実させることに充てることできます。さらに、**デバイスにより最適なサイズの広告が配信されるため、クリック率にもいい影響**があります。

レスポンシブ広告ユニットを作成すること自体は簡単です。他の「テキスト広告とディスプレイ広告」と同様に、「広告の設定」から作成します。「広告サイズ」で「レスポンシブ」を選択し、「保存してコードを取得」をクリックするのみです。取得された広告コードをサイトに実装することでデバイスに合わせた広告が自動的に配信されます。

また、レスポンシブ広告コードを編集（Googleに許可された編集方

法）することでサイトの状況に合わせて、カスタマイズすることが可能です。下そこで、代表的なカスタマイズ方法をご紹介します。サイトに合わせて適切な広告配信がなされるよう試してみましょう。

まず、レスポンシブ広告の広告コード内に data-ad-format="auto" という個所があります。こちらの "auto" を変更することで広告の形状を制御することができます。デフォルトの "auto" ではサイズが自動調整となっています。これを "rectangle" とすることで四角い形状の広告のみが配信され、"vertical" とすることで縦長の広告のみが配信され、"horizontal" とすると横長の広告のみが配信されるようになります。なお、これらをカンマで区切って組み合わせることもできます（例 "rectangle, horizontal"）。広告が掲載される場所を考えると、横長の形状のみを配信したいなどのニーズに対応できます。

次に、最近、レスポンシブ広告に追加されたパラメータに、data-full-width-responsiveパラメータがあります。これはユーザーのモバイル端末の画面幅一杯に広告を拡大して配信させるかどうかを指定するパラメータです。デフォルトでは data-full-width-responsive="true" のように "true" となっており、基本的にはこのまま使用するのがいいでしょう。レスポンシブ広告ユニットがモバイル端末横幅一杯に展開されることが多くなり、クリック率の向上が期待できます。そのような挙動をさせたくない場合は、"false" に変更することで、横幅一杯に展開されることがなくなります。

最後に、レスポンシブ広告を特定の条件時に非表示にする方法をご案内します。例えば、下記のようなことはよくあるパターンです。
「PCサイトで記事下に300x250を横に2つ並べて実装している。それをスマホで閲覧すると広告が縦に2つ並んで表示されてしまう。1画面内に2つのAdSenseが同時に表示されてしまうのはポリシー違反となってしまうので、スマホからアクセスした際に1つ（右側の広告ユニット）を消すようにしたい」

この場合、仮に横幅500ピクセル未満をスマホとします（実際の設定の際はご自身のサイトの定義に合わせて変更してください）。その際、右側の広告ユニットの広告コードを下記のように書き換えます。

```
<style type="text/css">
.adslot_1 { display:inline-block; width: 300px; height: 250px; }
@media (max-width:500px) { .adslot_1 { display: none; } }
</style>
<ins class="adsbygoogle adslot_1"
    data-ad-client="ca-pub-xxxxxxxxxxxxxxxx"
    data-ad-slot="yyyyyyyyyy"></ins>
<script async src="//pagead2.googlesyndication.com/pagead/js/adsbygoogle.js"></script>
<script>(adsbygoogle = window.adsbygoogle || []).push({});</script>
```

図4-31 / レスポンシブ広告ユニットを使ったモバイルサイトの最適化

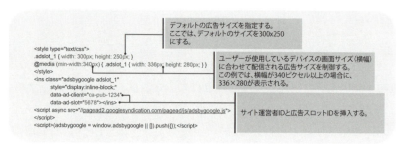

※参考：AdSenseヘルプ - レスポンシブ広告ユニットを使ったモバイルサイトの最適化
(https://storage.googleapis.com/support-kms-prod/dJRHolmxArHvV0MwhIqwIAYXwsOiCHdX2OZj)

これにより、**デバイスの横幅が500ピクセル未満のユーザーには本広告ユニットが表示されず（広告リクエストが送られない）、500ピクセル以上のユーザーに対してはデフォルト値である300x250サイズの広告が表示**されます。

なお、この広告コードをサイトに実装するには、まず、レスポンシブ広告ユニットを1つ作成し、その広告コードからサイト運営者ID（例: ca-pub-1234567891234567）と、広告ユニットID（例: 1234567890）を取得します。そして、それぞれを上記のca-pub-xxxxxxxxxxxxxxxxとyyyyyyyyyyと置き換えます。

これ以外の方法でもAdSenseの広告ユニットを非表示にすることは技術的には可能ですが、ポリシー違反となってしまうため、注意しましょう。また、レスポンシブ広告の他の制御方法も下記URLに記載があるので、参考にしてみてください（特定の広告サイズの広告を配信するなど）。

参考URL

・ヘルプ - レスポンシブ広告のタグパラメータの使用方法）
　https://support.google.com/adsense/answer/7445870
・AdSenseヘルプ - レスポンシブ広告コードを修正する方法
　https://support.google.com/adsense/answer/6307124

CHECK!

1. **リンク広告は記事タイトル近辺や目次近辺への実装を推奨**
2. **ファーストビューへの300x250の実装でアクティブビュー率向上を狙う**
3. **CTR向上施策の1つとしてレスポンシブ広告を活用する**

Chapter_4

自動広告の活用方法

自動広告は2018年2月にリリースされた最も新しいAdSenseのプロダクトです。すでに使用されたサイト運営者もいらっしゃることと思います。筆者の印象としては、とうとう出たか、という広告スタイルです。個人的には以前からこのようなプロダクトがいつかリリースされるのではと考えており、現状のプロダクトの精度はさておき、ようやく実現されました。ご存知の通り、Googleはサイト運営者に対しては、AdSenseに加えてAnalyticsというアクセス解析ツールを提供しており、広告主向けにはAdWordsを提供しています。いずれも世界最大規模の利用者数です。自動広告は、これらの膨大なデータをもとにしたソリューションであり、まさに機械学習、AI時代のプロダクトといえるでしょう。

自動広告のメリット、デメリット、活用方法

自動広告はGoogle検索と同様にロジックの詳細は公開されていないものの、そのサイトの過去のデータ、類似する他サイトのデータなどをもとにし、最も収益が高くなると判断された個所に広告が配信されるというものです（実際には、このようにならない場合もあるかと思いますが、自動広告のコンセプトとしてです）。なお、ヘルプページには自動広告の仕組みとして図4-32のような記載があります。最もクリック率が高くなると期待される個所に最適な広告（サイズ、フォーマット含め）が配信されます。

なお、自動広告の実装パターンは大きく分けて2つあります。1つは既存のAdSense広告ユニットを削除して、すべてを自動広告に任せるパ

190

■ 図 4-32 / 自動広告の仕組み

知りたい内容についてご記入ください

- ページ構成を把握する。
- ページに掲載されている既存の Google 広告を検出する（他の広告ネットワークからの広告は検出できません）。
- ページのレイアウト、ページ上のコンテンツの量、既存の Google 広告といったさまざまな要素に基づいて、自動的に新しい広告を掲載する。

サイトに変更を加えた場合は、その変更が自動的に検出され、ページの再分析が行われます。

※出典：https://support.google.com/adsense/answer/7478040

ターンです。もう1つは既存のAdSense広告ユニットはそのままに自動広告と併用するパターンです。前者は、AdSenseの配信個所を完全にシステムに任せる形式です。これにより、サイト運営者としてはサイト内にAdSenseを実装する個所、サイズ、フォーマットに気を配る必要がなくなります。その分の工数をコンテンツ作成に振り分け、よりよいサイト作成をすることができるようになるでしょう。

　ただし、**自動広告のシステムが最適に動作することが前提なので、もしそうでない場合、収益的に機会損失となってしまう可能性があります**（もちろん、AdSense収益が最大化されるという可能性もあります）。とにかくAdSenseの運用工数を削減し、コンテンツ作成に集中したいサイト運営者向けです。

　後者は手動での実装と自動化との折衷案といえるでしょう。サイト上にすでにAdSense広告ユニットがある場合、自動広告が広告ユニットを検出し、それはそのままとし、空きスペースがある場合に自動で広告が配信されます。既存の広告はそのままに、隙間があれば埋めてくれるので、**記事によって長さが大きく異なるなどの場合、このように手動と自動との併用がいいかと思います。**

　リスクを考慮し、自動広告のコンセプトは理想的ではあるが、やはり新しいシステムは学習期間があり、最適化には時間がかかるという感想をお持ちのサイト運営者向けです。

いずれのパターンでも共通するのが、**サイト内にアフィリエイトリンクなど、AdSenseより収益性の高い広告を配信している場合は注意が必要ということです。自動広告がそれらの収益を奪ってしまう可能性があります。**

当然ですが、Googleは自社の収益最大化を考えます。サイト側の都合や広告収益状況は関係なく、AdSenseの収益が最大化になるような動きをします。さらに現状の精度だと、どこに広告が差し込まれるかわからず、それを制御できないため、思わぬ個所に広告が配信されてしまうというケースもあるでしょう。サイトのブランディングを気にするような場合は、利用を控えたほうが無難かもしれません。

逆にサイトの収益がほぼAdSenseのみで構成されている場合は、収益向上施策の一環として試してみるといいでしょう。その場合、実装後の効果検証を行ない、本当に収益が向上したかを検証してみてください。

ページ単位の広告

以前はページ単位の広告として展開されていたアンカー広告と全画面広告が自動広告のオプションになりました。アンカー広告と全画面広告はスマホサイト専用の広告であり、まさにスマホ時代の広告といえます。これらがリリースされた2013年当時、筆者はGoogleに在籍していました。**あくまでも個人的な感想ですが、Googleっぽくないプロダクトだな、と当時は感じていました。**

Googleはユーザーを最も大事にし、ユーザーエクスペリエンスにこだわる会社です。広告であってもそれに重きを置き、多くのユーザー、広告主、サイト運営者に支持されてきたことと思います。ですが、これらのプロダクトは、既存のディスプレイ広告と比較すると、インターネットユーザーのサイト閲覧体験を妨げがちなものです。それにもかかわらず、これらのプロダクトをリリースするという判断に至ったのは、当時からそれだけ世の中の流れがモバイル化していたということの表れだと考えています。エリックシュミットがGoogleの会長であった時期に「モ

バイルファースト」を提唱していましたが、その時期と合致します。

これらの広告はオプションでOFFにすることができます。**ユーザーエクスペリエンスを重視するサイト運営者はOFFにし、収益重視のサイト運営者はONにして自動広告を利用するのがいいでしょう。**

なお、アンカー広告を以前から利用しているサイト運営者は気づくかもしれませんが、リリース当初から何度かプロダクトの変更があり、その都度、収益性は低下しているはずです。

直近では実装箇所がサイトの下部から上部へと変更になりました。その前の変更時には、見た目は変わらないものの、広告主への配慮からクリックの質を厳しく見るようになったことで、クリック率の低下が見られました（誤クリックの判定を以前より厳しくしたものと思われます）。同時に、多くのサイトにてカバレッジの低下も確認されました（広告リクエストに対して広告が表示された割合）。カバレッジが低下するということは広告が表示されない機会損失が発生しているということです。

これらの状況も踏まえ、**私のクライアントの状況は、AdSenseのアンカー広告を使用しているサイトは1つもありません。** アンカー広告はユーザーエクスペリエンスを犠牲にし、そのトレードオフで収益を伸ばすタイプの広告です。ユーザーエクスペリエンスに影響を与えてしまうのであれば、収益性の高い広告を配信したいと考える大手サイト運営者

▍図 4-33 / アンカー広告とモバイル全画面広告のオン・オフ画面

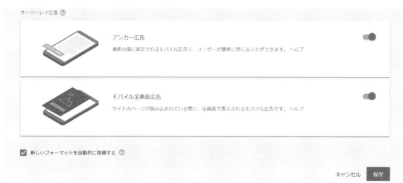

※AdSense管理画面より

が多く、各サイトにおいては、別のサービスのオーバーレイ広告を配信しています（下記参照）。私のクライアントの実績においては、いずれもAdSenseのアンカー広告より大幅にCPMが高くなっています（CPM2倍以上の実績あり）。

・fluct - https://corp.fluct.jp/service/publisher/ssp/
・Geniee SSP - https://geniee.co.jp/services/publishers.php
・adstir - https://ja.ad-stir.com/
・GMO SSP - http://gmossp.jp/

　しかしこれらのサービスは、現状ではどのサイトでも使用できるものではありません。サービスにより異なりますが、使用にあたり、一定以上のPVを求められるためです（現状、AdSenseはPVを問わずに使用できますが、そのようなサービスは意外と多くありません）。自社サイトの状況により使い分けましょう。

▌自動広告の今後の展望

　AI時代の現在、AdSenseに限らず、さまざまなサービスにおいて「自動化」がキーワードになっています。サイト運営者側の機能として、AdSenseにおいては自動広告がリリースされました。

　広告主側であるAdWordsにおいても、以前より目標コンバージョン単価制という広告主が目標とするコンバージョン単価に合わせて入札価格を自動調整する機能があります（これにより、担当者が手動で上限クリック単価を調整しなくてもよくなった）。他にはAdWords Express（https://www.google.co.jp/adwords/express/）という小規模の企業や店舗向けに、商品やサービスについての説明を3行書くだけで、自動的に広告が作成され、適切と思われるユーザーに配信できるような機能もあります。双方ともにまだ完全自動化とまでは至っていませんが、大きな流れとしては、Googleのテクノロジーを最大限に活用し、広告担当

者の運用工数を削減するような機能追加の方向にあるといっていいでしょう。

　総務省統計局によると、日本の事業所数は平成26年時点で577万9072もあるというデータが公表されています。また、AdWordsの広告主数は2009年に世界で100万広告主を突破したそうです（Googleが2010年10月に都内で行なった記者発表より）。

　仮に日本の広告主数が世界の10%を占め、2009年当時から広告主数が5倍になっていたとしても50万社です。日本の事業者において、AdWordsに出稿していない広告主数は約90%となるわけで、大きな余地があります。これらの会社がAdWordsの自動化により広告出稿を促進されたとすると、相当の広告予算がGoogleのシステムに入ってくるわけです。そうすると、広告費を享受する側のAdSenseのクリック単価も大幅に上がっているかもしれません。

　AdSenseの自動広告はまだリリースされたばかりであり、発展途上の段階にあると考えられます。もしかすると、想定より本機能を使用するサイト運営者が少ないことで、機能自体がなくなっているかもしれませんし、逆に数年後にはAdSenseは自動広告に一本化されているかもしれません。そうすれば、本章に書かれている内容はほとんど意味をなさない時代になるかもしれませんが、個人的にはそれも面白いと思っています。その暁には、広告主側は製品、サービスに集中し、サイト運営者はコンテンツだけに集中すればいい世界になっているからです。広告主側もサイト運営者側も広告（AdWords、AdSense）を自動販売機的に使用できるということです。今後に期待しましょう。

CHECK!

1. アンカー広告は他事業者の使用も検討する
2. サイトの状況により、自動広告のオプションを使い分ける
3. 自動広告は今後のさらなる発展に期待。
　　広告主側のさらなる自動化にも期待

Chapter_4

34 レポートの見方、効果検証の方法

AdSenseの管理画面は今までに何度かバージョンアップしています（大きなバージョンアップは2011年と2015年の2回ありました）。その都度、管理画面が大きく変更となり、見られる項目が多くなってきました。他のアドネットワーク（複数のメディアを束ねた広告の配信ネットワーク）、SSP（Supply Side Platformの略。広告を掲載するメディアの収益を最大化するためのプラットフォーム）と比較するとAdSenseの管理画面はサイト運営者側で設定できる個所が多く、かつ閲覧できる項目が多いです。AdSenseで新しいプロダクトがリリースされた後に新たな実装を試される方も多いと思います。やったらやりっぱなしではいけません。何か施策を実施したら必ず効果検証を行ないましょう。本項では、AdSenseレポートの見方、施策を実施した後の効果検証のやり方をご紹介します。

PDCAとは何か?

「PDCA」という言葉を、一度は耳にしたことがあると思います。Plan（計画）、Do（実施）、Check（評価）、Action（改善）の略です。これをAdSense運用に当てはめると、Plan（どのような実装をするか検討の上決定する）、Do（実装の変更、新しいプロダクトの実装など）、Check（AdSense管理画面のレポート、Analyticsを使用しての効果検証）、Action（効果検証をもとにこのまま実装を継続するか、元に戻すか、異なった実装をするかを決定の上、実施）という考え方になります。

AdSenseサイト運営者に少なくないのは、PとDにフォーカスし、CとAが疎かになってしまうことです。なぜそうなってしまのかというと、単に効果検証が面倒であるということもあるでしょうし、どのようにレポートを見たらいいかわからないという場合もあるでしょう。

　AdSense運用で大事な要素の1つに「C」があります。Checkを継続的に行なうことで、収益を伸ばすことができるのです。また、SNSやブログなどでAdSenseの成功事例が共有されることがあります。それらはあくまでも一般的な話で、他のサイトでの話です。それぞれのサイトで状況が異なるので、成功事例が必ずしも自身のサイトで効果を発揮するとは限りません。自分自身で実施した施策について、Cを実施することで、はじめて使えるノウハウとなります。自らの経験に勝る学びはありません。Cを行なう癖をつけて他のサイト運営者に差をつけましょう。

▎図4-34 / AdSenseにおけるPDCA

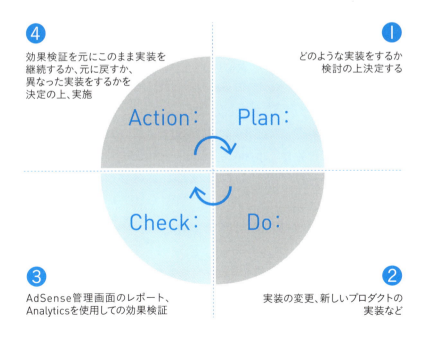

❹ 効果検証を元にこのまま実装を継続するか、元に戻すか、異なった実装をするかを決定の上、実施

❶ どのような実装をするか検討の上決定する

❸ AdSense管理画面のレポート、Analyticsを使用しての効果検証

❷ 実装の変更、新しいプロダクトの実装など

前準備としての広告ユニットの定義、作成

　PDCAのCを行なうには、前準備が必要です。それはサイトに実装する広告ユニットの定義と作成です。例えば、1ページの中に3つのAdSense広告ユニットがあったとします。1つの広告コードを使い回しし、すべての広告枠に実装しても問題なく広告は配信されます。けれども、このような実装をしていると、例えば、一番上の広告ユニットの場所を変更したという場合に、効果を検証しにくくなってしまいます。本来は一番上の広告ユニットだけの数字の変化を追いたいはずです。しかし、レポート上に1つの広告ユニットしかないため、それぞれの広告ユニットの数字を分けてみることができず、結果として施策に対するインパクトがわからず、何となくしか効果を検証できません。

　仮に同じサイズであっても1ページ内で実装する場所が違えば、広告ユニットを分けましょう。なお、あまり細かく分け過ぎても広告ユニットの数が多くなり運用しにくくなります。広告の掲載位置で分けるのが運用面、効果検証の面から有効と考えられます。

　また、広告ユニットを作成する際は名前のつけ方も大事です。名称にデバイス、サイト名、実装箇所、サイズを記載することで、ひと目で広告の配置を知ることができます。例えば、Aというサイトを運営しており、そのスマホサイトの記事下に300x250サイズの広告を実装する際の広告ユニット名は、sp_siteA_middle_300x250のようにします。ルールを決めて、わかりやすく利用しましょう。

管理画面（レポート）の用語の定義

　AdSense管理画面のレポートについて、重要なポイントを押さえておくことが大切です。レポート内にさまざまな用語が表示されています。これらの意味を把握しましょう。

■ 図 4-35 / 広告ユニットの分け方

スマホサイト

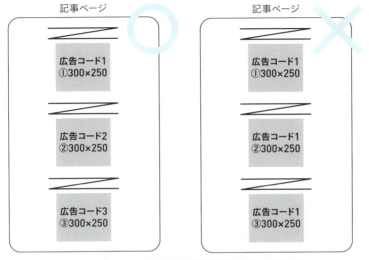

同じサイズであっても実装する場所が異なるのであれば、
広告コードも分ける（同じコードを使い回さない）。

スマホサイト

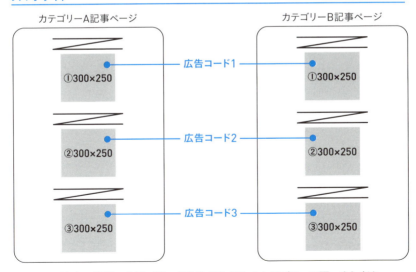

サイト内に複数のカテゴリーがあり、それぞれのカテゴリーで同一もしくは
似たような広告実装となっている場合、カテゴリーごとで広告コードは分けない。

用語の定義

・ページビュー

AdSenseの広告ユニット数にかかわらず、AdSenseが表示された回数となります。Analyticsなどのアクセス解析ツールのページビュー（PV）とは異なり、あくまでもAdSenseが表示された回数となります。例えば、1ページにAdSenseの広告ユニットが3つあったとしても、そのページが1回表示されたらページビューは1となります。

・表示回数

広告ユニットの表示回数となります。一般的にはインプレッションと呼ばれるものです。例えば、1ページにAdSenseの広告ユニットが3つあり、そのページが1回表示されたら表示回数は3となります。

・ページRPM

AdSenseの収益性を測る指標です。計算式はAdSense収益 ÷ ページビュー×1000となり、AdSense1000回表示当たりの収益を表します。これが高ければ高いほど、収益性が高いといえます。KPIの1つです。

・インプレッション収益

ページRPMと同様にAdSenseの収益性を測る指標です。計算式はAdSense収益÷表示回数×1000となり、AdSense1000回表示当たりの収益を表します。ページRPMと同様、これが高ければ高いほど、収益性が高いといえます。ページRPMとの違いは分母が表示回数となる点で、通常、ページビューより、表示回数のほうが多いことから、ページRPMよりインプレッション収益のほうが低くなります。こちらもKPIの1つです。

・アクティブビュー視認可能率

AdSenseの広告ユニットの半分以上の個所が1秒以上ユーザーの目に留まった率を表します。Googleも重きを置いている指標

■ 図4-36 / AdSense のレポート項目

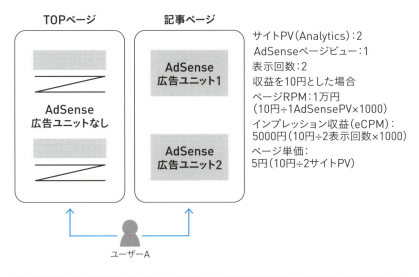

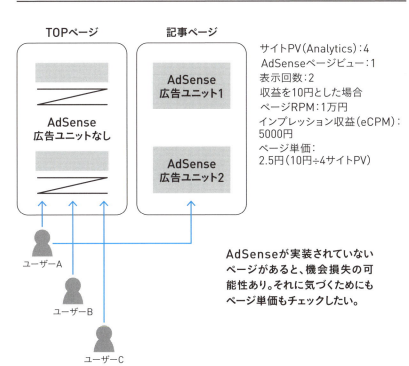

AdSenseが実装されていないページがあると、機会損失の可能性あり。それに気づくためにもページ単価もチェックしたい。

であり、クリック率との相関関係があります。クリック率の向上のためにはこの指標を上げる施策を実施することとなります。

管理画面（レポート）の見方

次に具体的なレポートと、それぞれでどのような点に着目すべきかについて確認しましょう。

レポート画面

特に設定をしていない場合、パフォーマンス レポート > デフォルトのレポート を確認する方が多いと思います。基本的には概要タブでAdSenseの収益をチェックするのがいいでしょう。なお、概要タブの隣にクリック数タブがあり、それぞれで数字が異なっています。これらのタブの違いは何でしょうか。

広告主がAdWordsに出稿する際、CPC課金とCPM課金の2種類があります。前者は広告のクリックに対して広告費を支払う方式で、後者は広告の表示に対して広告費を支払う方式です。前者のほうが圧倒的に多い傾向があります。概要タブでは双方の課金タイプを含んだ収益となっており、クリック数タブではCPC課金で出稿した広告のみの数字が見

図 4-37 / 概要タブ

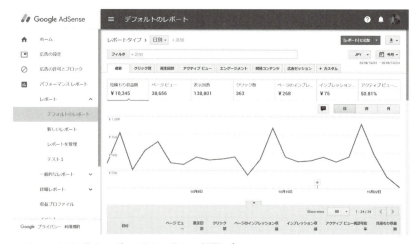

・パフォーマンスレポート > デフォルトのレポート > 概要タブ

■ 図 4-38 / クリック数タブ

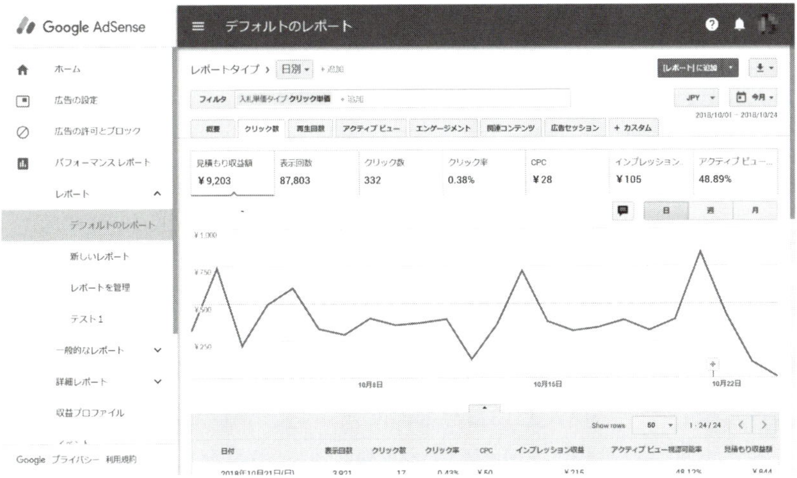

・パフォーマンスレポート > デフォルトのレポート > クリック数タブ

られるようになっています。そのため、双方で数字の食い違いが発生します（概要タブのほうが収益が大きい。概要タブとクリック数タブの収益の差分がCPM課金で出稿された広告の収益）。

AdSenseのトレンドを見るためのレポート

　パフォーマンスレポート > デフォルトのレポート > 詳細レポート、もしくは、パフォーマンスレポート > デフォルトのレポートの上部のレポートタイプにて、リストから選択することで、さまざまな切り口でレポートを閲覧することができます。ここでは、AdSenseにおけるトレンドがわかるレポートを紹介します。現在、広告主はどのように広告を出稿しているか、過去からどのように変化しているかがわかります。AdSenseで収益を上げるには広告主のトレンドに合わせた実装をすることが大事です。

入札単価タイプ

　多くのサイトではクリック単価が80%程度を占めています。CPMはまだ比率は低いですが、過去と比較すると割合が高まってきています。概ね、獲得目的に広告主はクリック単価、ブランディング目的の広告主はCPMで出稿します。ブランディング目的で出稿する広告主はナショナルクライアントと呼ばれる大手の広告主が中心であり、多額の広告予算を投じています。今まではテレビCMなどに投じられてた広告予算となり、Googleはこの予算を自社に使用してほしいと考えており、ブランディング目的の出稿増加は営業戦略上、重要な位置を占めています。CPMの場合、広告表示に対して課金されますが、アクティブビューとなった広告表示のみが課金の対象となります。そのため、**CPMの収益を多くするには広告ユニットのアクティブビュー率を高めることが施策の1つ**となり得ます。

▍図 4-39 / 入札単価タイプ

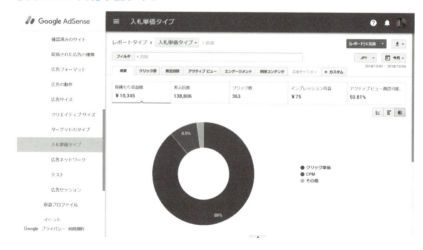

広告ネットワーク

以前はAdSenseに表示される広告はGoogle AdWordsから出稿されたものだけでした。2011年からはGoogleが認定した他社のネットワークの広告も配信されるようになっています。それにより、サイト運営者にとっては広告オークションが活発となり、収益性向上の1つの要因となっています。

日本では、2018年時点もGoogle AdWordsが強い状況であり、概ね8割程度をGoogle AdWordsが占めているサイトが多いと思います。国によってこの比率は異なります。それだけ国ごとに、他社ネットワークの強さが異なるということです。Google AdWordsからの収益が大部分を占めるというのは、サイト運営者であってもAdWordsの変化をキャッチアップする必要があることを意味します（AdWordsはAdSenseより変化が多く、新しい機能のリリースも多いサービスです）。

図4-40 / 広告ネットワーク

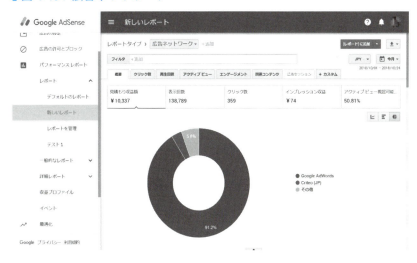

ターゲットのタイプ

　広告主がどのターゲティング手法を用いて広告出稿しているかについてです。2018年現在は「パーソナライズ」が収益の半分以上を占め、かつインプレッション収益が最も高いというサイトが大部分でしょう。広告の許可とブロック > すべてのサイト > 広告配信 > パーソナライズド広告 にて「パーソナライズ」広告の一部をブロックできますが、収益低下につながる設定となりますため実施しないほうがいいでしょう。

図 4-41 / ターゲットのタイプ

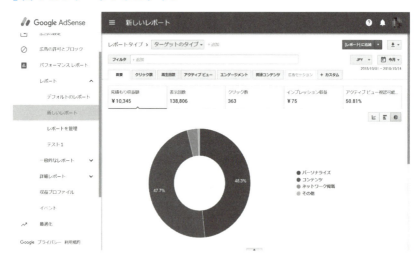

プラットフォーム

　収益をスマホサイト（ハイエンドモバイル端末）、PCサイト（デスクトップ）、タブレットサイトで分類してみることができます。サイトのジャンルにもよりますが、近年は多くのサイトにてハイエンドモバイル端末の収益が過半数を占めていると思われます。それだけ、スマホサイトにおける施策が重要になってきているといえます。

図 4-42 / プラットフォーム

配信された広告の種類

収益がディプレイ広告で発生しているか、テキスト広告で発生しているかを分類して見られます。多くのサイトにおいて、ディスプレイ広告の収益のほうが多くなっていることでしょう。それを踏まえ、**基本的にはディスプレイ広告、テキスト広告の双方を配信する設定にするといいでしょう。**

図 4-43 / 配信された広告の種類

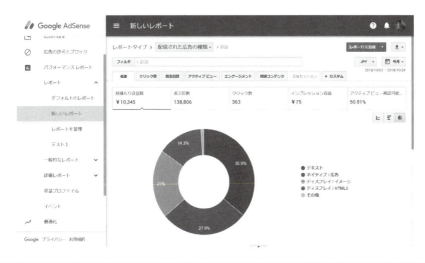

広告ユニットレポート

アカウント全体の収益状況を除くと、広告ユニット別のレポートは最もよく使用するものと思います。ここでは、レスポンシブ広告ユニットのレポート、カバレッジの確認方法についてを紹介します。

レスポンシブ広告ユニットのレポート

レスポンシブ広告ユニットは、常に決まったサイズでの広告表示ではなく、ユーザーが使用しているデバイスなどにより形を変えて表示されます。レスポンシブ広告ユニットがどのサイズでどの程度収益を上げているのかを見てみましょう。**多くの場合は大きなサイズの収益性がいい傾向があります。**

▎図 4-44 / レスポンシブ広告ユニット①

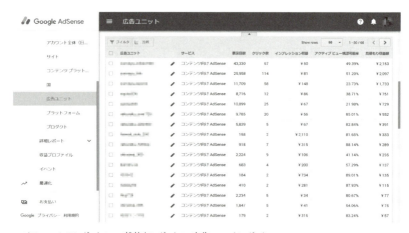

・パフォーマンスレポート > 一般的なレポート > 広告ユニットレポート
・レスポンシブ広告ユニットを選択

図 4-45 / レスポンシブ広告ユニット②

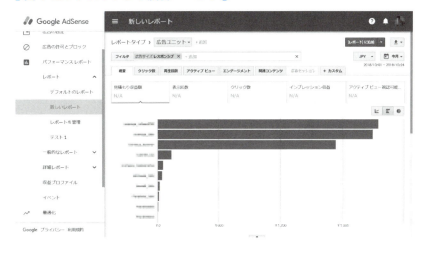

図 4-46 / レスポンシブ広告ユニット③

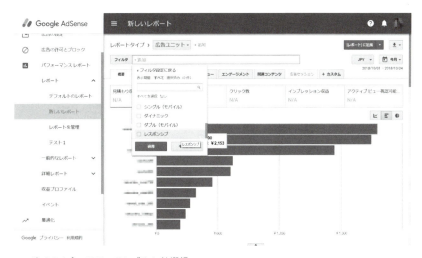

・レポートタイプにてクリエイティブサイズを選択

図 4-47 / レスポンシブ広告ユニット④

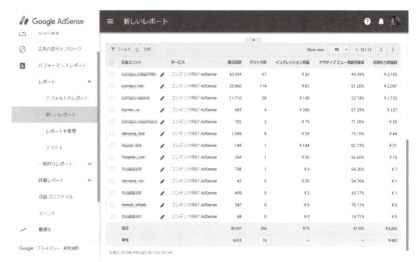

・レスポンシブ広告ユニットにてどのサイズがどの程度の収益となっているかを確認できる。

　レスポンシブ広告ユニットでは、広告コードを修正することにより、縦型のみ、横長のみ、四角のみの広告配信とすることができます。また、デバイスの横幅により特定サイズの広告を配信することもできます。もし、サイトのレイアウトにそぐわないサイズが配信されているといったことがありましたら、適切なサイズの広告のみが配信されるよう調整しましょう。

カバレッジの確認方法

　AdSenseは次の流れで広告が表示されます。

　ユーザーがサイトを閲覧する → AdSense広告コードが読み込まれる → Googleに広告表示のリクエストをする（広告リクエスト）→ 広告が表示される（表示回数）。カバレッジというのは、広告リクエストに対してどの程度広告が表示されているかを表した指標であり、表示回数を広告リクエストで割った値です。デフォルトではカバレッジの項目が表示されません。カスタムタブを使用することで確認可能となります。広告ユニットごとのカバレッジを確認しましょう。

図 4-48 / カバレッジの確認①

・パフォーマンスレポート > 一般的なレポート > 広告ユニットレポート

図 4-49 / カバレッジの確認②

・カスタムタブにて、広告リクエスト、表示回数、カバレッジを選択する

図 4-50 / カバレッジの確認③

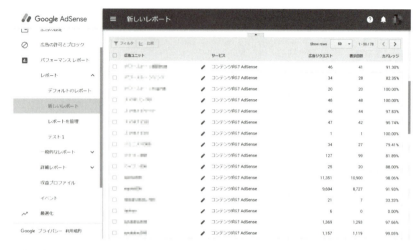

・各広告ユニットのカバレッジが確認できる

図 4-51 / カバレッジの確認④

・レポートに追加することで、左側のメニュー（パフォーマンスレポート＞レポート内）に加えることができる

AdSenseの場合、**基本的にはカバレッジはほぼ100%になります**。それがいいところの1つです。98% ～ 99%程度であれば問題ないといえるでしょう。90%以下の場合、10%以上は広告が出ていないこととなり、機会損失が発生しています。

カバレッジ低下の原因として最も多いのはコンテンツによるものです。ポリシー違反とはいかないまでも、広告主にとって広告を表示することが適切ではないコンテンツであるとシステムにより判断された場合、広告が表示されないことがあります。例えば、痛ましい事件や事故などに関するコンテンツもそうです。ニュースサイトではそのようなトピックを扱うこともあり、その場合、そのページにてAdSenseが表示されないことがあります。

なお、ニュース性の高い内容だと、PVが多くなることもあります。広告ユニットのデフォルトの設定の場合、空白になってしまいます。何も表示がされる際との見た目としておかしくなってしまうことと、収益面の機会損失が問題となります。対策は代替広告の設定です。

次ページのヘルプページにある通り、例えばwww.aaa.comというサイトにおいては、www.aaa.com/ads/ のようなディレクトリを作成し、その中にAdSenseが広告を返さない場合に配信したい広告（自社広告でもいいですし、AdSense以外のアドネットワークでも構いません）のタグを記述したファイルを置き、AdSense管理画面からはそのURLを指定するという形です。

この設定を行なっておくと、AdSenseにおいて広告を返せないインプレッションの場合に、代替広告を呼び出すという仕様となり、見た目上の問題と収益上の問題を解決できます。日ごろ、センシティブなコンテンツを扱っていて、そのようなページのPVが多いサイトは各広告ユニットに設定しておきましょう。

> **AdSenseヘルプ -代替広告**
> https://support.google.com/adsense/answer/113262?hl=ja

効果検証のやり方

　繰り返しますが、AdSenseで何か施策を実施した際は、必ず効果検証をしましょう。PDCAサイクルのCに該当するフェーズです。ここでは代表的なパターンを紹介します。効果検証の際はAdSenseの管理画面だけではなく、スプレッドシートも使いますし、必要に応じて、Analyticsのデータも使います。

KGIとKPI

　まず、AdSenseのKGIとKPIを確認しましょう。KGI（Key Goal Indicator）とは、最終的な目標のことで、重要目標達成指標とも呼ばれます。KPIとは、Key Performance Indicatorの略で、重要業績評価指標とも呼ばれます。KPIは最終的な目標（KGI）を達成するための過程を計測する中間指標をいいます。

　AdSenseに当てはめると、**KGIは当然、収益**です。KPIはサイトPV（Analyticsで計測）、AdSenseページ ビュー、ページRPM、インプレッション収益、アクティブビュー率などが該当します。KPIがKGIになってしまっているケースが見受けられます。ページRPMはもちろん重要な指標ですが、それが目的となり、ページRPMの上下に一喜一憂してしまうようなパターンです。KPIはそれ自体がゴールではありません。加えて、広告主の出稿状況（外部要因であり、サイト運営者側でコントロールできない要素）により上下してしまう指標もあります。極端な話、ページRPMが下がっても収益が上がればいいわけです。KPIはあくまでもKGIを達成するための指標に過ぎません。しかも指標の1つです。ここを混同しないようにしましょう。

収益の要素分解

　ここで、あらためてAdSenseの収益を構成している要素を分解します。細分化すると、次のようになります。

表示回数（= AdSeneページビュー x 広告ユニット数）
x クリック率x クリック単価

　AdSenseページビューはAdSense管理画面から確認できます。すべてのページにAdSenseが実装されている場合、AnalyticsのPVとAdSenseページビューが一致するはずですが、AnalyticsとAdSenseとでは別のツールとなるので、若干の誤差はあります。ここはあくまでも目安として見ましょう。

　表示回数は広告リクエスト×カバレッジに分解することもできます。しかし、カバレッジはサイト運営者でコントロールできないことから、広告リクエストを増やすことが表示回数の増加施策となります。広告リクエストを増やすには、可能な範囲で広告枠数を増加することです。

　クリック率は、アクティブビュー率を向上させることで実現します。ユーザーにとって視認性の高い箇所への掲載がポイントです。また、広告サイズを大きなものにすることも有効です。クリック単価の向上には、広告主から人気のあるサイズを使用すること、広告在庫を増やすためにテキスト広告、ディスプレイ広告双方の配信とすること、さらには誤クリックを回避するための施策を実施することが挙げられます。

　AdSenseの収益向上施策を実施する際（PDCAサイクルのPのフェーズ）、上記要素のどこの部分を上げるのかについて意識しましょう。そして、そこが本当に変化しているかを中心に効果検証します。

■ 図 4-52 / 効果検証の考え方

目的	実施内容	検証項目
表示回数の増加	・広告ユニット数の増加 ・AdSenseが実装されていないページへの実装 ・サイトPVの向上	・表示回数 ・ページRPM
クリック率の向上	・視認性の高い箇所への実装 ・大きな広告サイズの使用 ・レスポンシブ広告ユニットの活用	・クリック率 ・アクティブビュー率
クリック単価の向上	・広告主から人気のある広告サイズの使用 ・テキスト広告、ディスプレイ広告双方の配信 ・誤クリックを回避するための施策を実施	・クリック単価 ・インプレッション収益

広告ユニットレポートの期間比較

　掲載位置を変更した、サイズを変更したなど、特定の広告ユニットの数値の比較を行なう場合、AdSense管理画面から簡単に行なえます。

■ 図 4-53 / 広告ユニットレポートの期間比較①

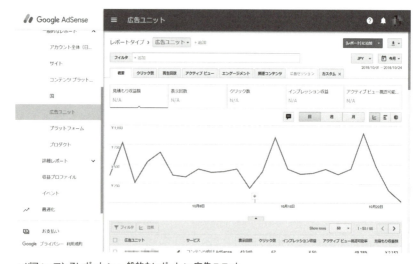

・パフォーマンスレポート ＞ 一般的なレポート ＞ 広告ユニット

図 4-54 / 広告ユニットレポートの期間比較②

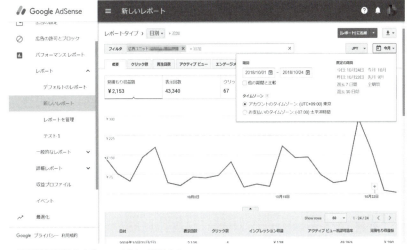

・効果検証対象の広告ユニットを1つ選択する
・日付欄で前の期間と比較を使用し、施策実施日の前後にて同じ日数で比較する

図 4-55 / 広告ユニットレポートの期間比較③

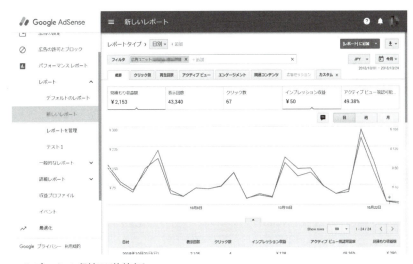

・インプレッション収益にて比較する
・何%の変化であったかをスプレッドシートなどで計算し、記録しておく
・クリック率はスプレッドシートなどでクリック数 ÷ 表示回数で計算する
・クリック単価はスプレッドシートなどで見積収益額 ÷ クリック数で計算する

自分なりのデータを蓄積して安定した収益を重ねよう

インターネット上にはさまざまなAdSenseの事例があります。ご自身のサイトに対して効果を発揮するものもあれば、そうでないものもあります。当然、サイト毎にコンテンツが異なれば、訪問するユーザーも異なり、レイアウトも異なります。世の中には1つとして同じサイトはありません。すべてのサイトに対して効果を発揮するという施策はないでしょう。

また、インターネットユーザーの動向、インターネット広告市場は刻一刻と変化しています。それに合わせてAdSenseのプロダクトも進化しています。そのため、過去に通用した施策が通用しにくくなったり、新しい施策が効果を発揮したりします。

AdSenseの変化だけではなく、インターネットユーザー、インターネット広告の変化にも踏み込んでアンテナを立て、新しい施策の検討、実施をしていただければと思います。本章が、新たな施策の実施の機会になるようであれば筆者としてうれしいです。

なお、本章に記した通り、単に施策を実施するだけではなく、効果検証を行なうことで、ぜひ自分なりのデータを蓄積してみてください。PDCAを継続的に行ない、安定した収益を積み重ねていただければと思います。

CHECK!

1. 収益向上のためにPDCAサイクルのCを大事にする
2. レポートで使用される用語の意味を把握する
3. さまざまな切り口で自分のサイトの収益状況を把握し、それをもとに施策案を検討する

Chapter_5

「オーソリティーサイト」になって信頼と権威を積み重ねよう

安定したサイト運営を続けていきたいのなら、
書き手が主役のブログではなく、
情報そのものが主役となる「情報サイト」を構築し、
そのサイトをオーソリティー化することを目指しましょう。
たとえそれがニッチな分野であっても
「○○といえばこのサイト！」と
一番に思い出してもらえるための
情報サイト構築の考え方を紹介します。

Chapter_5

35 オーソリティーサイトとは何か？

インターネットは日々の生活において欠くことのできない存在となり、発信する情報の正確さや信頼性に対しても厳しい目が向けられるようになりました。長くWebサイトの安定した運営を目指すにはユーザーの信頼に足るオーソリティーを目指すことが課題になります。

今オーソリティーサイトが求められている

不確かな情報が流布されれば生活者に深刻な影響を与える、特にYMYL（※）と呼ばれるデリケートな分野においては、検索エンジンのアルゴリズムもさらに厳正になってきています。

また検索エンジンの評価基準が厳しい分野以外でも、インターネットユーザーはより信頼のおける情報を求めています。信頼性の高さをユーザーに認められることが、長く安定的にサイトを運営し続けるための重要な要素になりつつあります。

これから解説する「オーソリティーサイト」は、ユーザーから高い信頼を獲得しているサイトを指します。

「○○といえばこのサイト!」

オーソリティーという言葉は「権威」「威信」「大家（たいか）」などを意味します。インターネット上のWebサイトだと、ニュースを見るなら「Yahoo!ニュース」、料理のレシピといえば「クックパッド」というように、たとえそれがニッチな分野であっても「○○といえばこのサイ

※「Your Money or Your Life」の略語。Googleの検索品質評価ガイドライン内で「将来の幸福、健康、経済的安定、人々の安全に潜在的に影響を与えるページ」を指して使用されている

ト！」と１番に思い出してもらえるようになれば「サイトがオーソリティー化している」といえます。

サイトがオーソリティー化すると起こること

サイトがオーソリティー化すると、次の3つのことが起こります。

①SNSやQ＆Aサイトなどで紹介されやすくなる

「これについて知りたい」「こういうことで困っている」というとき、「このサイトを見たらいいよ」「このページに詳しく書いてあったよ」というように第三者から紹介される機会が増えます。

SNSなどでの言及によって目に触れる機会が増えると「このサイトに書いてあることは正しい」と思われはじめ、コンテンツが他サイトでもソースとして引用されはじめます。

②継続的に被リンクが増えて検索順位が上がる

引用が増えるとそれに伴う被リンクが増えて検索順位が上がり、検索上位に表示されるとさらに引用が増えるという好循環が生まれます。「信頼されるから引用が増えるのか」「引用が多いから信頼されるのか」は「鶏が先か、卵が先か」の話のようですが、いずれにせよ一時的なバズ（SNSなどで注目が集まって拡散されていく状態）とは違い、１つのコンテンツが長い時間をかけて継続的に被リンクや引用・言及（サイテーション）を増やし続ける特徴があります。結果的にアクセス数が増加します。

③検索エンジンを経由せずサイトへ訪問するようになる

信頼を勝ち取り、ユーザーにとって欠くことのできない存在になれば、ブックマークなどを通じて直接サイトに再訪問する人や、サイト名などで指名検索する人が増加します。

その結果、検索アルゴリズムがアクセスに与える影響は相対的に低下

し、常に一定のアクセス数を確保できるようになるでしょう。

　このように、サイトのオーソリティー化はサイト運営者が目指す1つの到達点であり、究極のWebサイト安定運営法なのです。
　本書でいうオーソリティーサイトも、「○○といえばこのサイト！」と1番に思い浮かべられるような「特定のジャンルで知名度がありユーザーの信頼が厚いサイト」と定義します。

CHECK!

1. 信頼の厚いオーソリティサイトが求められている
2. サイトのオーソリティー化は究極のWebサイト安定運営法

情報が主役のサイト（＝情報サイト）を作ろう

Chapter_5

運営サイトをオーソリティー化するためにはどのようなサイトを作ればいいのでしょうか？　ユーザーの信頼に足るサイトになるためには、正確な情報を発信するだけでは不十分です。Webサイトの運営形態として一般化した「ブログ」の弱点を理解して、目指すべき情報サイトの姿について見ていきましょう。

ブログだけでは物足りない

　オーソリティーと認知されるには、「専門特化した分野で信頼できる情報を数多く発信していること」がポイントとなります。

　一般人であっても、サイト運営をきっかけに書籍を出版したりテレビに出演したりということは、もはや珍しいことではなくなりました。情報の発信者（サイトの運営者）自身がオーソリティーとして認知されるには、広く頻繁にユーザーと接触する機会を持つことが肝心です。この場合、更新が容易で幅広くSNSと連携できる、いわゆる「ブログ」を選択するのがベターでしょう。

　しかし、**オーソリティーと呼ばれる人が運営するサイトが「オーソリティーサイト」なのかというと、必ずしもそうとは限りません。**サイトをオーソリティー化するためには露出を増やし、継続的に情報を発信しているだけでは不十分なのです。

受動的なユーザーと能動的なユーザー

ひとくちに「情報を得る」といっても、大きく2つの状態に分かれます。

・テレビから流れてくるニュースをたまたま見聞きする
・調べ物のために図書館に行き必要な本を借りてくる

　前者は「受動的」に情報を受け取っている人であり、後者は「能動的」に情報を探している人です。インターネット上でもSNSのタイムラインやニュースサイトからたまたま流れてきた情報を取得するユーザーは「受動的」であり、検索などで積極的に情報を得ようとしているユーザーは「能動的」といえます。

　能動的なユーザーはいくらたくさんの情報を提供されても、必要な情報を見つけられなくては満足しません。たとえサイト内に有用な情報があっても、それらがきちんと分類整理され、いつでも必要なときすぐに取り出せるようになっていないと「信頼できる情報が数多くあるサイト」とは認識されないのです。このように、**受動的なユーザーと能動的なユーザーでは情報の求め方が異なります。**

コンテンツを最適化して情報サイトを構築しよう

　人のオーソリティー化とサイトのオーソリティー化は別物です。サイトのオーソリティー化を目指すのであれば主役になるのは情報そのものです。新規記事が優先的に表示されるブログ形態での運用だけではなく、能動的に情報を探すユーザーにも満足してもらえるようコンテンツの配置を最適化し、多面的にニーズを満たす「情報サイト」を構築することがオーソリティーサイトへの近道となります。

CHECK!

1. 情報を主役にした「情報サイト」を構築しよう
2. 人のオーソリティー化とサイトのオーソリティー化は別物

Chapter_5

37 テーマ設定と情報収集

情報を主役とするサイト（＝情報サイト）は、思いつきで作りはじめて
もうまくいきません。テーマを設定、情報を収集整理し、適切な表現で
アウトプットしましょう。まずはサイトで扱うテーマ設定と情報収集
についての注意点を解説します。

テーマ設定のポイント

　情報が主役のサイトでは、サイト内の情報が過不足なくユーザーに届
くように、サイトの構成を最適化する必要があります。大別すると、次
の4つです。

1.コンテンツのテーマを設定
2.テーマに沿って情報を収集
3.情報を整理分類する
4.情報の特性にマッチした表現形態を選択する

　サイトの構成は4つの流れで構成を考えていきます。オーソリティー
サイトを目指すのであればテーマの設定は必須です。
「20代女性のための恋愛・ファッション・グルメ」というように、特
定の読者層に絞りつつ、複数ジャンルを取り扱うという方法も考えられ
ますが、「○○といえばこのサイト！」と認知されるためには欲張らず
にメインテーマを1つのジャンルに絞り込むのが賢明でしょう。

　安定したサイト運営を目指すのであれば、扱うテーマ自体が長続きし

225

■ 図5-1 / 情報サイト構築のフローチャート

ないといけません。新し過ぎるジャンルは先の需要が読みづらく、ブームとなっているものはいつかは終息します。むしろ10年前から価値観の変化が少ない分野をテーマに選んだほうが、10年先も残る可能性が高くなるといえます。

一次情報と二次情報

　テーマが決まれば、次に行なうのは情報収集（リサーチ）です。
　情報の集め方にもいろいろな方法がありますが、直接取材したり体験したりして集める情報を「一次情報」、テレビ、書籍、インターネットなど、すでに情報が収集保管されたところから集める情報を「二次情報」といいます。
　一次情報を集めるためには時間もコストもかかります。そのため、既知の情報や客観的な情報のみを記載するのであれば二次情報をもとに作ったコンテンツも悪いわけではありません。
　しかし、明らかに二次情報だけで作られたコンテンツの中には、情報は間違ってはいないけれど、訴求力のないものがあります。それはコンテンツに「人」が見えないからです。
　信頼は「正論だけ言う人」よりも、「悩みや疑問に共感してくれる人」に集まる傾向があります。正しい情報や詳しい情報を発信しているだけ

で生まれるわけではありません。これは二次情報だけのサイトに訴求力がないことと重なります。自ら一次情報を集める意味は情報の信ぴょう性を高めるだけではなく、経験者しか気がつかない疑問や悩みの視点を提供できることにあります。このように、ユーザーと視点を共有する姿勢が情報収集する上での大切なポイントになります。

CHECK!

1. 欲張らずテーマは1つに絞ろう
2. 価値が変わりにくい長続きするテーマを探そう
3. 一次情報を集めるのはユーザーの視点を共有するため

フロー情報とストック情報

集めた情報を整理するための分類方法は無数にありますが、その中でも覚えておきたいのが「フロー情報」と「ストック情報」という分け方です。それぞれの性質に合わせて表現形態を使い分けることが情報サイトの構築では重要になります。

フロー情報とストック情報の違い

「フロー」と「ストック」は、主に経済学で使われる用語を転用したものです。フロー(flow)という言葉は川に例えられるように「流れる」という意味で、流動的なものを指します。ストック(stock)はダムに例えられるように「蓄えられたもの」という意味があります。「フロー情報」「ストック情報」は、一般的には次のように認識されています。

フロー情報

　例えば「今週のヒットチャート」は来週になると価値がなくなります。「今日の運勢」は明日聞いても意味がありません。このように、**一過性の情報、時間の経過とともに価値が変化する情報**はフロー情報と呼ばれます。ニュースや時事問題、期間限定のキャンペーン情報などが代表的です。

ストック情報

　ストック情報はフロー情報と違って、すでに**価値が確定していて再利用が可能な状態であり、時間の経過に影響を受けにくい**という特長があります。

228

図5-2 / フロー情報とストック情報

わかりやすい例をあげて、この2つの情報を比較しましょう（図5-2）。

「本日限りアメリカ産豚ロース100gあたり88円」

これは文字通りその日限りしか価値を持たない典型的なフロー情報です。それに対してこちらはどうでしょうか。

「簡単！　豚ロースを使った生姜焼きの作り方」

料理のレシピというものは、時間の経過に関係なく価値を持ち続け繰り返し使われる情報なのでストック情報になります。

中には表現の違いや文脈によって同じ内容がフロー情報になったり、ストック情報になったりする場合もあります。

混ぜるな危険

ストック情報にフロー情報的な表現が混在してしまうことで、ストック情報のコンテンツであってもフロー情報化してしまう場合があります。ブログをはじめたばかりの方にありがちなのが、「ようやく朝晩涼しくなりました」といった時候の挨拶から記事を書きはじめるパターンです。時候というものは、まさに日が経つに連れ価値が変わるフロー情報です。このあと続く内容が時間の経過に影響を受けないストック情報であったとしても、この1文があるばかりに日が経つに連れてなんとなく古い情報、不正確な情報に見えてしまうこともあるのです。

ニュースのようなフロー情報のコンテンツにストック情報が混入しても問題ありませんが、**ストック情報のコンテンツにフロー情報を混在させてはいけません。**

また、情報サイトを設計するにあたっては、記事単位だけでなく、カテゴリー単位でストック情報だけを集めたコンテンツ、フロー情報だけを集めたコンテンツと区別して、それぞれに最適化した表現形態を選択すると、より一層ユーザーの利便性が高まります。

情報サイトの構築の第1歩は、情報をフローとストックに区別して扱うところからはじめましょう。

フロー情報とストック情報どちらが大事?

安定した運営を目指す情報サイトを設計するためには、フロー情報とストック情報のどちらが大事なのでしょうか?

コンテンツの価値を積み重ねるという観点で考えると、やはり時間の経過に影響を受けにくいストック情報に重点を置くべきでしょう。

しかし、ストック情報は長い期間をかけて世の中に周知され、すでにコンテンツとしてインターネット上に多数存在する可能性があります。そのため、アイデアや下準備のないストック情報の発信は徒労に終わることも多くあります。後発であれば何か差別化する切り口、あるいは既存のコンテンツを凌駕する質量が必要になってきます。

では、フロー情報コンテンツは必要ないのかというと、決してそういうわけではありません。定期的に発信するフロー情報、例えば専門分野のニュースなどはリピーターの確保にうってつけです。そして、それらはデータとして蓄積し、まとめ直すことでストック情報に変換することができ、新たな価値を生み出すこともあります。

図5-4は、2004年から続く懸賞情報のコンテンツです。1ページ構成、手作業での更新ながら、典型的なフロー情報である懸賞情報をコツコツ発信し続け、ユーザーの最訪率は70%に迫ります。継続を前提とするならば、フロー情報の発信もサイトの安定運営に大きく寄与します。

■ 図 5-3 / 情報をフローとストックに区別して扱う

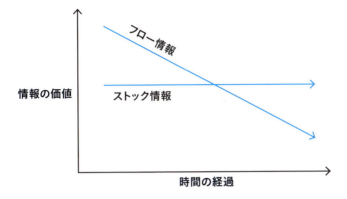

■ 図 5-4 / 専門分野のニュースはリピーターの確保にうってつけ

※大量当選ネット応募懸賞まとめ（目指せネットでわらしべ長者）
https://warashibe.info/tairyoutousenn.htm

CHECK!

1. 情報をフローとストックに分けることからはじめよう
2. ストック情報コンテンツにフロー情報を混ぜてはいけない
3. サイトの安定運営にはストック情報が重要

Chapter_5

39 アウトプットを3形態で 考えてみよう

仕分けした情報をコンテンツに落とし込む上で、情報の性質に合わせた表現形態を選ぶことが肝要です。情報サイトを構築する際にはコンテンツの形態を「ブログ型コンテンツ」「完結型コンテンツ」「ツール型コンテンツ」の3つの視点から考えるとバランスが取りやすくなります。

Webサイトの形態は多種多様

　ブラウザ上で操作が完結する手軽さから、特に個人運営のWebサイトはブログで制作することが当たり前になりました。しかし、本来Webサイトの形態は多種多様であり「ブログ」もその1つに過ぎません。

　情報の収集方法（一次情報、二次情報）やその分類上の性質（フロー情報、ストック情報）を満たすには、ブログだけで情報サイトを構成するのは無理があります。ユーザーのさまざまな要求に答えるためには**サイト内に複数の表現形態を持ち、お互いに機能を補完し合うのが理想的です。**

「ブログ型」「完結型」「ツール型」に分けて考えてみよう

　そこで、サイトの構成を考えるとき、コンテンツの表現形態を「ブログ型コンテンツ」「完結型コンテンツ」「ツール型コンテンツ」の3つに分けて考えてみることをおすすめします。

　もちろんコンテンツの表現形態はこれだけではありません。また、この3つだけですべてのサイトを分類できるわけでもありません。しか

図 5-5 / Web サイトの形態は多種多様

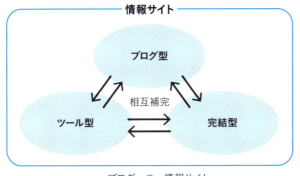

し、この3つの表現方法を知って使い分けられるようになると、ただ漫然と更新するブログより、はるかにユーザーにとって使いやすい情報サイトを構築することができます。

この3つの形態のうち、「ブログ型コンテンツ」と「完結型コンテンツ」はあらかじめ完成形を想定するか否かから構成を区別したものです。「ブログ型コンテンツ」は継続性はあっても、完成形を考えてのものではありません。それに対して、「完結型コンテンツ」は、文字通り、そのコンテンツは完結しています。「ツール型コンテンツ」は「使う」という視点に立ったものです。「読み物」というよりは、使える感がある実用的なコンテンツです。「ツール型」のコンテンツは単体で独立したものばかりでなく「完結型×ツール型」「ブログ型×ツール型」というようにハイブリッドな形態を考えることも可能です。

ユーザーの多様なニーズを満足させるには、1つのサイト内にこの3つの形態（あるいは機能）をすべて持つことが理想的です。少なくとも2つ以上は組み込むことを目標とするといいでしょう。

▌図 5-6 / ハイブリッドの形態を考えることも可能

ブログ型	完結型	ツール型
ブログ型 × ツール型	完結型 × ツール型	

CHECK!

1. Webサイトの表現は「ブログ」だけではない

2. 1つのサイトに複数の表現形態を組み込もう

3. 「ブログ型」「完結型」「ツール型」を使い分けよう

ブログ型コンテンツ

本書でいう「ブログ型コンテンツ」は、単にプロバイダーのブログサービスを使っている、あるいはWordPressなどのCMSを使って作られたものを指すのではなく、「ページの追加更新を前提とし基本的にページが時系列に整理されるコンテンツ」を指します。

ブログ型コンテンツの特長

　ブログを構築するCMSの仕組みによって、「新しい記事が優先されて、古い記事の露出が減る」ということが起こります。
「一生懸命書いた記事が、時間が経つとともに埋もれて見られなくなる」というのは、特にキャリア数年の中堅ブロガーの方からよく聞く悩みです。せっかく時間をかけて書いた記事の露出が減るのは残念なことで、一見ブログ型コンテンツの短所のようにも見えますが、実は悪いことばかりではありません。後述するフロー情報の扱いなど、場合によっては古いものの露出が減るほうが、かえって都合がいいと考えられることもあります。

　まず、定期的に更新することでフォロワーの再訪問をうながしやすいというのは大きな長所です。常に新しい情報があることはユーザーがサイトを再訪問する大きなモチベーションとなります。
　ブログ型コンテンツでは新しい記事を追加していくことが前提なので、更新のたびにフォロワーに直接働きかけて再訪問をうながすことが可能になります。

さらに、定期更新とSNSとの連動によりフォロワーと積極的に交流を図ることができるため、「運営者自身のオーソリティー化」にはブログの活用が合理的です。「誰が書いたか」は情報の信頼性を担保する条件の1つです。何らかの形で運営者自身の信頼性を高めることもサイトのオーソリティー化に大きく影響を与えます。

　逆に、ブログ型コンテンツのデメリットは、そもそもページの追加・更新が前提になっているため、更新が滞るとアクセス数が下がる、場合によってはサイトの価値が維持できないといったことが考えられます。

　また、ブログ型コンテンツは記事が増えれば増えるほど全体の体系的な構造を維持することが難しくなります。
「たしかこのブログに書いてあったのに……」と、もう一度読みたいページがどうしても見つからないという経験はないでしょうか？　ブログ型コンテンツは受動的なユーザーに対しプッシュで情報発信するには適していますが、更新を重ねてページ数が増えれば増えるほど、サイト内の情報が探しにくくなる欠点があるのです。

　ブログ型コンテンツは、よくも悪くも更新を前提としていることが特徴です。

ブログ型コンテンツとフロー情報

　前述したように、ブログ型コンテンツはページの追加が容易であるため、ニュースなど速報性が高いフロー情報と相性がよく、その特徴を最も活かせます。

　仮にユーザーが検索サイトなどから古い情報に行き着いたとしても、公開日や最終更新日が明記してあれば、その日付から信ぴょう性を判断してくれます。常に新しく正確な情報を提供し続ける限りサイトの価値が毀損されることはありません。

　反面、更新が滞ると情報の価値が減少していくので、放置状態が長く続くと、場合によってはサイトそのものの信用を失いかねません。フ

ロー情報を扱うブログ型コンテンツを企画するならば、無理なく継続できる体制が整えられるかどうかを第一に考えましょう。

ブログ型コンテンツとストック情報

ブログ型コンテンツは、ストック情報であっても問題なく扱えます。

継続的な情報の追加更新はブログ型コンテンツの前提です。ただし、ストック情報のみで構成され、ある程度検索サイトからの流入が見込めるならば更新頻度が低くても、場合によっては更新を止めてもアクセス数を維持できる可能性があります。

ブログ型コンテンツはページを増やし続けなければならないため、体系的に情報を整理するサイト構成には向きません。サイト内で関連する情報が見つけにくく、回遊性（ページ/セッション）は低く留まる傾向があります。ある程度まとまった情報量が確保できるなら、完結型コンテンツ（あるいは外部のミニサイト※）としてスピンアウトさせることを考えてもいいでしょう。

※ニッチなテーマで作られた比較的規模の小さな情報サイト。主に完結型コンテンツで構成される。

CHECK!

1. ブログ型はページの追加更新を前提としたコンテンツ
2. ブログ型はフロー情報と特に相性がいい
3. ブログ型はストック情報も扱える

Chapter_5

41 完結型コンテンツ

Webサイトの形態や構造を論じるとき、いまだにネット上では「ブログか、サイトか」という言い回しを見かけます。言わんとしていることはわからなくもないのですが、「サイト」という言葉はWebサイト一般を示すものであり適切ではありません。本書では、ブログ型コンテンツがページの追加更新を前提とするものに対し、あらかじめ完成形を想定して作るコンテンツを「完結型コンテンツ」という表現を使って解説します。

完結型コンテンツの特長

完結型コンテンツはWebサイトが「ホームページ」と呼ばれていた時代からある古典的な形態ですが、今またその役割が見直されています。

そもそもブログがこれほどまでに普及した背景には、Webサイトの制作や更新に伴う手間を省けるという運営者側のメリットがあります。ただし、単純に優位ということではなく、ユーザーの目的で使い分けることが肝要です。

ブログ型コンテンツと違い、完結型コンテンツは書くべき内容や文書構造などコンテンツの全体像を決めてから記事を書きはじめるという作り方をします。目次を先に作ってから、それに沿って個々のページを作成すると考えるとわかりやすいでしょう。

ブログ型コンテンツを例えるなら「木をたくさん植えていたら、いつの間にか森になりました」というイメージです。完結型コンテンツは「森を作るために木を植える」というイメージです。

238

■ 図5-7 / ブログ型コンテンツと完結型コンテンツの違い

　完結型コンテンツは、情報を体系的に構造化して表現するのが得意です。フロー情報のような一過性の情報よりも、ストック情報のような価値が安定した情報のほうが扱いやすいのも特徴です。

　ブログ型コンテンツの場合、ついつい思いつきによる記事更新になり、必要な情報の抜け落ちがあったり、似たような内容を何度も記事にしたりすることが起こりがちです。完結型コンテンツでは最初に全体の構成を考えてから記事を書くので、漏れや重複が起こりにくく、MECE（※）な構造を作りやすいという長所があります。

　また、構造が体系的であることから、サイト内の情報が見つけやすいことも完結型コンテンツの長所です。能動的に情報を探すユーザーが情報サイトに求めているのは、たくさんの情報の中から「必要な情報にいかに早くたどり着けるか」ということなのです。

　その点で1つ注意しておきたいのは、ページタイトルのつけ方です。特に、ブロガー出身の方が完結型のコンテンツを作ったとき、個々のページのタイトルが冗長になっているケースが見受けられます。ブログであればSNSで目を引くようなタイトルも必要ですが、完結型コンテンツではそのページ内に、求める情報があるかどうかがひと目でわかるこ

※Mutually Exclusive and Collectively Exhaustive 相互に排他的な項目による完全な全体集合。「漏れなく重複なく」

とのほうが重要です。能動的に情報を探しているユーザーにとって必要な情報の有無がわからなかったり、目的に合わないページを開いて時間を奪ってしまったりすることはむしろ悪なのです。「必要のないものを読ませない」こともユーザビリティ（使い勝手の良さ）やファインダビリティ（情報の見つけやすさ）を高める上でとても大切なことです。

　完結型コンテンツのデメリットとしては、いったん完成してしまうと閉じた構造になるため、新たなページの追加が難しくなり、定期的な更新が困難になります。定期更新ができないとアップデートを通知する機会が減るので、運営者側からユーザーに働きかけて再訪問をうながすことが難しくなります。

完結型コンテンツとストック情報

　完結型コンテンツとストック情報は相性がよく、特に体系立てた知識のコンテンツに向いています。

　ストック情報に向いた完結型コンテンツの構造には、カテゴリーで分類整理し各ページの情報が独立する「ツリー構造（階層型分類構造）」（102ページ図3-7参照）と、読む順番を指定する「直線型構造」があります。

　前者は辞書的に情報が整理され、ユーザーがすばやく必要なものだけを取り出したい場合に向きます。後者はストーリー性のある読み物や講座型コンテンツに向いています。特に、何を質問していいかさえわからないような初学者向きの入門のコンテンツでは、ユーザー自身に情報を探させるのは不親切です。直線型構造で読む順番を指定してしまったほうがいいでしょう。

完結型コンテンツとフロー情報

　読む順番が決まっていて、前ページの内容を継承するような直線型構

造の完結型コンテンツでは、特定のページだけ削除したり大幅に書き換えたりすることが難しいため、ストック情報以外を扱うことはほぼ不可能です。

　しかし、ページ単位で情報が独立する構成であれば完結型でもフロー情報を扱うことは可能です。この場合、更新はページの追加ではなく、内容の書き換え（リライト）の形をとります。

　ただし、人力による情報の更新は運営コストが高く、あらかじめ更新頻度なども含めた運営計画を立てておくことが望ましいでしょう。メンテナンスを怠り不正確な情報が一定量を超えると、サイト全体の信頼性を損ねることになりかねません。場合によってはプログラミングによる自動更新やリサーチに外注を取り入れるなども一考です。

CHECK!

1. **完結型は完成形を想定して作るコンテンツ**
2. **完結型はストック情報と相性がいい**
3. **完結型でフロー情報を扱うときは慎重に運営計画を立てる**

Chapter_5

42 ツール型コンテンツ

ツール型コンテンツは、読み物ではなく、ユーザーが「使う」という観点に着目したコンテンツです。外形的な特長に特に決まりはなく、ブログ型、完結型と兼ねることも考えられます。情報サイトの安定した運営のためにその役割は大きく、ぜひ用意したいコンテンツです。

完結型、ブログ型とのハイブリッドもあり

特別な技術がなくてもアイデア次第でユーザーに喜ばれるツール型コンテンツを作ることは可能です。

例えば、用語集なら用語の解説記事に索引リンクをつければできますし、ダウンロードコンテンツなら１枚のページにダウンロードリンクを並べるだけでも作ることができます。

また、必ずしもブログ型コンテンツ、完結型コンテンツと対立的な位置関係ではないので、「ブログ型×ツール型」「完結型×ツール型」といったハイブリッドな形態もしばしば見られます。書店には、小説やドキュメンタリーなどの読み物ばかりではなく、辞書、参考書など使う目的の実用書がたくさんあるように、インターネット上のコンテンツも「読み物」ではなく、ユーザーが「使うもの」も求められています。

例えば、「完結型×ツール型」の典型的な例として、HTMLやCSSのリファレンスサイトがあげられます。

構造的には、カテゴリーで整理して個々のHTMLタグを個別投稿ページで解説する、ツリー構造の完結型コンテンツが典型的です。ユーザーはタグの使い方を調べるためサイトを辞書的に「使う」ところから

242

図 5-8 / 「完結型×ツール型」の典型的な例

※事例：TAG index（https://www.tagindex.com/　1997年から続く老舗HTMLリファレンスサイト）

も、ツール型の名称と重なります。

「完結型×ツール型」の簡易データベースは、ブログしか作ったことのない方でも比較的取り組みやすく、情報サイトへのステップアップのためにぜひチャレンジしてみたいコンテンツです。

「ブログ型×ツール型」のコンテンツは少しイメージしにくいかもしれませんが、単に読み物ではなく、それを見ながら行動することが想定される記事と考えるといいでしょう。例えば、「パソコンが起動しないときの対処法」や「失敗しないパラパラ炒飯の作り方」といった1ページ完結のノウハウ系のブログ記事などがこれにあたります。ただし、性質の安定しないブログ型コンテンツである限り、後述する「繰り返し使うコンテンツ」に昇華させることはなかなか難しいかもしれません。

「繰り返し使う」を意識しよう

インターネット上には毎日大量のコンテンツが生まれています。読み物を主コンテンツとしたブログサイトは「更新し続けないとアクセス数が維持できない」というジレンマに陥りがちです。もちろん、ツール型コンテンツであっても一度使っておしまいというものもありますが、工夫次第で「繰り返し何度も使うコンテンツ」にすることも可能です。

例えば、占い系ツールの場合、単純な「相性診断」なら一度診断したらおしまいになってしまいます。同じ結果が出るものを何度も見る必要はありません。しかし、「彼氏との今日の相性」ならどうでしょう？これなら毎日繰り返し見る理由が生まれます。しかも、ロジックが明確なものなら、一度プログラミングすれば定期的な更新がなくともリピーターを確保できるという、サイト運営者にとっても非常に効果的なコンテンツになるわけです。

また、お気に入りの便利なツールは、ついつい人に教えたくなるものです。ヘビーユーザーが増えることにより、時間が経つに連れて、じわじわと口コミ集客が広がる効果もあります。

ブログ型は更新に伴う通知で運営者側からユーザーに再訪問をうながすことができます。**「繰り返し使う」ツール型コンテンツを作ることができれば、たとえ更新しなくともユーザー自らが何度も繰り返し訪れるサイトを作ることが可能なのです。**あまり更新されている様子がないにもかかわらず、大きな支持を集めているサイトを観察すると、このような「繰り返し使うコンテンツ」があるケースが多々見受けられます。

図5-9のサイトは、音の組み合わせやギターの弦の押さえ方からコード（和音）名を検索するツール型のコンテンツです。更新やデータメンテナンスの必要がないにもかかわらず、アクセス数に対するリピーターの割合は60％近くを占めます。

■ 図5-9 /「繰り返し使うコンテンツ」を持っているケース

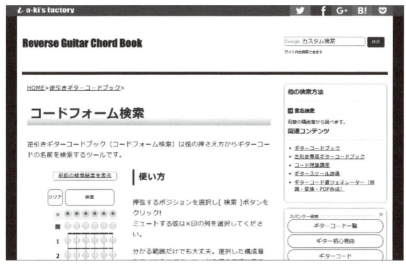

※事例：逆引きギターコードブック（https://www.aki-f.com/revchord/）

モバイル対応は非常に重要

　ツール型コンテンツを企画するときも頭に置いておきたいのは、やはりモバイルファーストの考え方です。

　日常的にインターネットを利用する環境は、「スマートフォンのみ」が48％、「スマートフォン＋パソコン」が38％、「パソコンのみ」はわずか5％という調査結果（※）があります。

　現在では、ユーザーがWebサイトを「使う」場面もパソコンの前ではなくスマートフォンの小さな画面が前提で。パソコンでの閲覧を前提としたサイトでは考えられなかった、屋外での使用や移動中の使用など新しいアイデアの可能性が広がっています。ただし、デバイスの操作性などから気をつけなければいけない点もあります。

※LINE株式会社による調査「インターネットの利用環境 定点調査（2018年上期）」
（https://linecorp.com/ja/pr/news/ja/2018/2315）

最初からスマートフォンで使う前提で企画する

パソコン用に企画したコンテンツを移植するのではなく、最初からスマートフォンで使う前提のツールを企画してみましょう。どういったものがいいかわからないときはAppleやGoogleのアプリストアを眺めていると、ヒントがたくさんあります。

速さは正義

スマートフォン上でのツール型コンテンツのライバルは、インストール型のネイティブアプリです。動作の機敏さではなかなか勝てませんが、ユーザーに不満を抱かせるほど表示が遅くなることは絶対に避けなければいけません。いかに動作を軽くするかはツール型コンテンツの大きな課題です。

ホーム画面からのアクセスを意識する

ツール型コンテンツを繰り返し使ってもらうためには、URLをブックマークしてもらうことが必須です。しかし、スマートフォンではブラウザのブックマークよりもホーム画面のアイコンからアクセスする習慣があり、URLを登録してもらう難易度は高くなります。ホーム画面用のアイコンを用意したり、ホーム画面に登録することをうながすコメントを用意したりするなどの工夫が必要です。

余談ですが、今後注目しておきたい技術にPWA（Progressive Web Apps）というものがあります。PWAはブラウザ上で動作するWebアプリとインストール型のネイティブアプリのいいとこ取りをした技術です。PWAを導入すれば、キャッシュを利用した高速表示やオフライン表示、プッシュ通知、Android スマートフォンでは「ホーム画面に追加」をうながすバナーの自動表示など、ツール型コンテンツにとって望ましい機能を追加することが可能になります。まだ新しい技術なのでどの程度普及するかは未知数ですが、頭の隅に置いておいてください。

図 5-10 / PWA（Progressive Web Apps）

PWAのインストールバナー

ページ下部に
適切なタイミングで
自動表示

通常のホームアイコン追加

ユーザーの
操作で表示

CHECK!

1. ツール型は読み物ではなく使うもの
2. 「繰り返し使う」を意識しよう
3. モバイル対応が特に重要

Chapter_5

43 3つの形態を組み合わせる

ここまで読み進めると、たとえテーマを特化していても一般的なブログの形態だけでは情報サイトの一部の機能しか持っていないことに気づかれたことでしょう。本節では「ブログしか運営したことがなく3つの表現形態をどのように組み合わせるのかわからない」という方に向けて、比較的作りやすい簡易データベース型情報サイトの構築法を例示します。

優れた情報サイトは「広さ」「深さ」「早さ」を満たす

優れた情報サイトであるためには、正確で詳しい情報があればそれでいいというわけではありません。**扱う情報の「広さ」「深さ」「早さ」を意識して表現することで、より一層ユーザーの満足度は高まります。**

ここでいう情報の「広さ」というのは情報量を指しますが、単に幅広く情報を集めるということではありません。「ここなら求める情報があるだろう」と予測できること、間口を広げるだけではなく均一に網羅性を保つことがポイントになります。

「深さ」はテーマに対する専門性を、「早さ」はタイムリーに情報を提供する即応性を高めることを指します。これらすべてを同時に満たすことはなかなか難しいことですが、3つの表現形態をうまく組み合わせることで理想の情報サイトに近づけることは可能です。

さて、ここからは「京都寺社仏閣ガイド」というサイトを企画したと仮定して、どのような構造にすれば満足度の高い情報サイトを構築できるか考えてみましょう。

まずはデータベース部分を作る

　データベースといってもプログラミングの知識が必要な本格的なものではなくてもかまいません。商品カタログや図鑑のように、ツリー構造（階層型分類構造）でデータを分類し索引をつけ、記事内の見出しも統一した「情報が探しやすく比較しやすいコンテンツ」程度の簡易なものを意図しています。

　データベース部分のコンテンツは「京都」という範囲を決め、寺社仏閣の情報を網羅する完成形を想定し、なおかつ単なる読み物ではなくユーザーが「使う」という前提を重視する「完結型×ツール型」にしたとします。

　図5-11を見てください。まずサイト内に親カテゴリーを1つ作り、その中にツリー構造のデータベースコンテンツを作っていきます。最小ページ単位（個別投稿ページ）はお寺、神社の1軒1軒の情報です。

　個別の投稿ページには主観的な感想も、気を引くようなページタイトルも一切必要ありません。ページタイトルは「清水寺」「平安神宮」といった寺社の名前そのもので十分です。中身は寺社の沿革、見どころ、場所、開閉門時間、問い合わせ先などの客観的な情報のみで構成します。

　個別投稿ページはテンプレート化し、各ページの見出しを統一しておきます。データの分類方法は常識的なもの（ユーザーが思いつきやすい分類）が好ましいでしょう。この場合だと「地域」などでいいと思います。切り口を変えて複数の分類法を採用することも可能です。タグを併用するのもいいでしょう。

　分類方法と各ページの見出しが決まったら、まず分類にしたがって子カテゴリーを作り、その中に個別ページを投稿していきます。客観的な情報のみで構成するので必ずしも一次情報である必要はありません。ネットや書籍などから得た情報でも作ることができます。WordPressを使って作るならExcelで一覧形式にまとめ、CSVデータをインポートす

■ 図 5-11 / データベースのカテゴリー

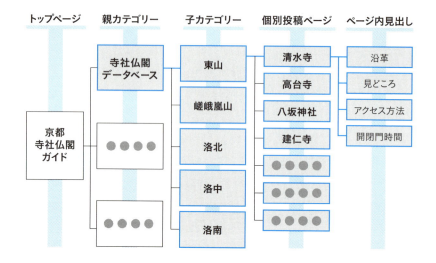

るプラグインを使って一気に流し込んでしまっても構いません。

　さて、ここまで読まれた勉強熱心な方ならこう思うでしょう。
「そんな薄いコンテンツを量産しても検索ランキングに上位表示できない」と。
　はい、その通りかもしれません。しかしそれでいいのです。
　データベースコンテンツを作る最大の目的は、サイト内のファインダビリティ（情報の見つけやすさ）を高めることです。外部からの流入は無理に意識しなくていいのです（結果的に検索流入が増えることは多いのですが）。
　また、需要の大小にかかわらず扱う情報の密度を一定に保つことで、情報の「広さ」を表現できます。ユーザーはかけ算（1ページあたりの情報量×ページ数）で情報量を推測します。均質なページが規則的に整理されることで、その推測は容易になるのです。いくら文字数やページ数が多くても、いわゆる雑記ブログに情報の豊富さを感じにくいのは、このような均質性や規則性を持ちえないためです。

体験記コンテンツは別に用意する

とはいえ、客観情報のみで作るデータベースだけでは、どこでも手に入る情報しかないため、ユーザーの共感を得ることは難しいでしょう。そこで、データベースコンテンツとは別に一次情報による体験記コンテンツを別の親カテゴリーに作り、ブログ型コンテンツを用意します（図5-12）。

なぜ体験記コンテンツを別にするのでしょうか？

体験というものは「いつの話か」という部分も大切な情報です。時間的な要素を持つことで体験記はフロー情報の性格を持つ可能性があります。もしこの2つを1つのページにまとめた場合、基本情報がストック情報であっても体験記がフロー情報ならば、ページ全体がフロー情報ととらえられてしまう可能性があるのです。

また、春のお花見、秋の紅葉狩りがまったく別のイベントであるように、時期によって体験の価値は変化します。桜の季節も紅葉も初詣も体験記として1ページにまとめるのは乱暴です。これらは1つにまとめる

図 5-12 / 体験記コンテンツは別に用意する

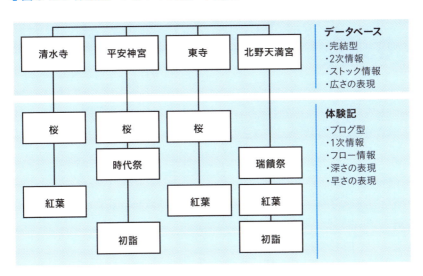

より、データベースコンテンツの個別投稿ページからそれぞれのページを内部リンクでつなぎ、**ユーザー自身が必要な情報を選択する仕組みを作ったほうが合理的です。**

　基本的な情報はデータベースコンテンツで提供し、体験記コンテンツでは、よりピンポイントにユーザーの共感を誘い、サイトの信頼性を高めることを目的とします（図5-13）。

　ページを分ければ個々の記事はより自由に表現できます。体験記コンテンツこそライティングの腕の見せどころです。一次情報をあたることで市販のガイドブックにはない情報の「深さ」を表現でき、イベントなどをタイムリーに記事にすることで「早さ」を表現することができます。ページタイトルには検索キーワードを含め、検索サイトやSNSなど外部からの流入も積極的に狙っていきます。記事は思い切って主観的に書いてもいいでしょう。客観的な基本情報はむしろ体験記コンテンツに書く必要はなく、内部リンクを使いデータベースコンテンツの個別投稿ページに返すことで役割分担を明確にします。

▌図5-13 ／ ページを分ければ個々の記事をより自由に表現できる

個別投稿ページの例

まとめコンテンツで横串にする

データベースコンテンツと、ある程度の体験記コンテンツが用意できたら、さらにもう1つ親カテゴリーを作成して、まとめコンテンツを追加していきます。データベースの個別投稿ページと体験記が縦串の関係だとします。まとめコンテンツでは複数のページを横串にすることで、新しい価値を作り出すのです。これも継続的にページを増やしていく前提になるので、ブログ型コンテンツで作成します。

季節性のあるタイムリーな話題を提供したいとき、既存のコンテンツを再利用する形で素早く提供できるので「早さ」を表現するのに向いています。

また、無理にサイト内の記事を引用しなくても「神社の正しい参拝の仕方」や「浄土宗と浄土真宗の違い」といったような単発のストック情報記事や、関連する分野のニュース記事などがあってもかまいません。こちらも検索サイトやSNSを流入元に見込むので、記事タイトルは興味

図5-14 / まとめコンテンツでは複数のページを横串にする

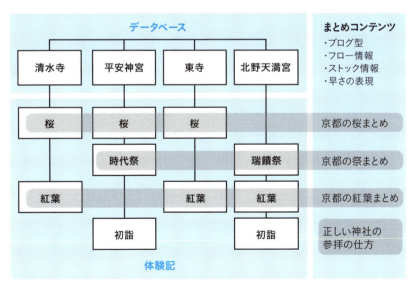

を引くようなもの、思わずクリックしてしまうものでいいでしょう。

　まとめ記事はデータベースコンテンツとは逆に、外部流入の入り口として役割を重視して作るので、いかに興味を持たせるかが勝負になります。このように、コンテンツの役割を明確に分けて考えるのが情報サイトでの重要な戦略です。

トップページの役割

　ユーザーがトップページに求める役割は大きく分けて３つあります。

・サイトコンセプトと全体像を知るため
・目的のページを探すため
・新着情報を確認するため

　情報サイトのトップページはこの3つの役割を果たせるとベストです。情報サイト運営の理想は、トップページをブックマークしてもらってユーザー自ら繰り返し訪れてもらうことです。「ここをマーキングしておくと便利」と思ってもらうためにナビゲーションの起点としての機能をしっかり持たせましょう。

　フロー情報を含むブログ型コンテンツでは新着情報を優先し、完結型コンテンツではトップページから目的のページに最短でたどり着けるよう各階層へのリンクを工夫しましょう（図5-15）。

　これらは単純なテーマ特化ブログとは一味違う、ユーザビリティ（使い勝手のよさ）やファインダビリティ（情報の見つけやすさ）に着目した情報サイトを作るポイントです。

「データベース（完結型×ツール型）」「体験記（ブログ型）」「まとめ（ブログ型）」と括りが明確になり、情報の性質に合わせた表現の使い分けができるようになると、受動的に興味を持ったユーザーにとっても、能動的に情報を探しているユーザーにとっても使いやすい情報サイトになります。

■ 図5-15 / トップページの作り方

　もちろん、ここで紹介した構成が必ずしもベストというわけではありません。また、ブログ型、完結型、ツール型のすべてを組み込む必要はないのです。コンパクトにまとめたいミニサイトや、あらかじめメンテナンスに手をかけないコンセプトで企画する場合はブログ型を省略することもあります。IT関係など流れの速い情報を扱う場合は完結型を組み込まないことも考えられます。

　コンテンツの性質に合わせて表現を使い分けること。ユーザーの目的に合わせてナビゲーションの経路を用意すること。そして、結果的に

255

ユーザーが目的の情報に、**より早く正確にたどり着けることが情報サイト設計の真の目的なのです。**

　図5-16は本節で例示した構成のヒントになった情報サイトです。店舗の簡易データベースと管理者自ら足を運ぶ訪問レポートを分けることで、ユーザーの利便性と信頼性を両立しています。ニッチなテーマでオーソリティー化した情報サイトの事例としても秀逸です。

図5-16 / ニッチなテーマでオーソリティー化した情報サイト

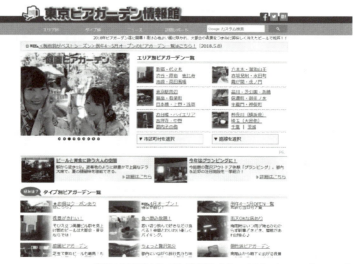

事例：東京ビアガーデン情報館（https://tokyobeergarden.com/）

> **CHECK!**
> 1. 「広さ」「深さ」「早さ」を意識して3つの形態を組み合わせよう
> 2. 情報の性質によって表現を使い分けよう
> 3. トップページはナビゲーションの起点になるよう機能的に作ろう

Chapter_5

44 競合対策の考え方

自分が作りたいコンテンツを作るだけではオーソリティーサイトどころかユーザーの目に触れることさえままならないでしょう。ユーザーにとって、より価値の高いサイトに育てるためには競合を意識したサイト運営は避けて通れません。

「弱者の戦略」ランチェスター戦略を応用する

「ランチェスター戦略」という有名なマーケティングの理論があります。

ランチェスター戦略は、もともとフレデリック・ランチェスター（英1868-1946）が第一次世界大戦のころに考案した2つの軍事法則（ランチェスターの法則）でした。それが第二次世界大戦後にビジネスの世界で応用されはじめ、日本においては1970年代ごろからマーケティングにおける競合対策の理論として一般的にも知られるようになりました。ランチェスター戦略は非常に応用範囲の広い理論で、Webサイトの競合対策にも適用することが可能です。

ランチェスター戦略の中でもよく知られているのが「弱者の戦略」です。本来は戦闘力（兵力数×武器効率）の低い軍隊が戦闘力の高い敵と戦うための戦略であり、マーケティングの世界では、より市場占有率の高い競合との戦い方を示しています。

Webサイト運営では市場規模や市場占有率の概念が希薄なため、サイトの大きさ（資本）や技術力、検索順位、運営歴など鑑みて総合的にライバルより劣っているときにとる戦略と考えればいいでしょう。

図 5-17 / ランチェスター戦略の概要

局地戦	扱うテーマを絞る
接近戦	ユーザビリティを重視する
一騎討ち戦	ライバルや目標は1つに定め勝てる部分で勝つ
一点集中主義	力を分散せず先ずは1つのコンテンツで圧倒的一番を作る
陽動戦	アイデアと切り口で勝負する

　ランチェスター戦略において弱者が強者と戦うときは、局地戦、接近戦、一騎打ち戦、一点集中主義、陽動戦の5つの戦い方があるとされています。これをWebサイトに当てはめると、図5-17のようになります。では、これらを念頭に置いて、情報サイトの弱者の戦略を考えてみましょう。

テーマの絞り込みは大きなマーケットから

　新たに情報サイトを立ち上げる際に、どのようなテーマを選ぶかは最重要課題です。すでに運営歴が長く規模の大きなライバルサイトがひしめいているところに、いきなり飛び込んでもなかなか勝ち目がありません。かといって、競合を避けテーマを絞って作ったサイトに誰も訪問がないということも起こり得ます。

　例えばバイオリンの学習サイトを作ったとします。ライバルの少ない分野なのできちんと作り込めば検索上位を狙うことは難しくないかもしれません。しかし日本におけるバイオリンの演奏人口は約10万人といわれています。その10万人全員が仮に月1回サイトに訪れたとしても10万アクセス/月にしかなりません。実際にはそこまでリーチすることさえ難しいでしょう。

　これがギターの場合なら日本での演奏人口は約650万人といわれてい

ます。マーケットが大きければ当然ライバルサイトもたくさん存在することが予想され、単純なギターの入門サイトを企画しても日の目を見ることは難しいかもしれません。しかし、「ギターのメンテナンス方法」に絞ったニッチなテーマのサイトならどうでしょう？

650万人のマーケットで10万アクセス/月を集めようとするなら、約1.5％の人が月に1回訪れれば達成できます。同じ数を集めるなら母数が大きく占拠率の低いほうが断然簡単なのです。一定のアクセス数を目標とするならばバイオリン講座のサイトを作るよりも遥かに現実的といえるのではないでしょうか。

もし占拠率100％からそれ以上に伸ばすとしたら、他のマーケットを新たに開拓するしかありません。1 ～ 2％の占拠率なら同じマーケット内で少しターゲットをずらしたコンテンツを新設したり、同じターゲットに対して角度を変えたアプローチをしたりするだけでアクセス数が倍増するも珍しいことではありません。

テーマを絞るといっても、需要の少ない小さなマーケットを攻めるのは無謀というものです。マーケティングでいうニッチは単に小さいではなく「隙間」を意味します。ライバルがいない代わりにターゲットユーザーもいないようでは意味がありません。**できるだけ大きなマーケットで手に負える大きさまでセグメントするようにテーマを絞り込んでみましょう。**

テーマの絞込みと切り口の関係

ライバルサイトがある以上、テーマの絞り込みという差別化だけでは不十分です。せっかくシェアを獲得しても力のある競合が参入してくれば、すぐに追いつかれてしまいます。より強い地盤を築くためには独自のアイデアや切り口が必要です。

テーマの絞り込みを縦軸とするならば、切り口は横軸の関係になります。縦横交わることで、よりオリジナリティの高いコンテンツが生まれ

259

▍図 5-18 / テーマの絞込みと切り口の関係

	テーマの絞り込み	
独自の切り口	オリジナリティ	

るのです。

　では、切り口はどういったものがいいのでしょう？

　最優先に考えるべきは、やはりユーザビリティの向上です。例えば、漠然と「どこよりも詳しい」を切り口にしても、その結果１ページが必要以上に長文になってページ内で迷子になるようなコンテンツを作ってしまっては本末転倒です。

　コンテンツの表現方法は文章だけではありません。コンパクトにわかりやすく表現するには図解を豊富に使ってみる。流れがわかりやすいように漫画にする。手順を見せるなら写真だけではなく動画を使う、なども切り口として考えられます。

　また、切り口はユーザーに利があるだけでなく、ライバルにとって参入のハードルが上がるものが理想です。取材やインタビューなどで一次情報を集めるのもとてもいい切り口です。取材はパソコンの前でじっとしていてもできませんし、インタビューなどは相手のあることですから思い立ってすぐに実現できることではありません。「作るのがちょっと面倒」と思えるくらいのサイトだと、ライバルも参入しにくいでしょう。

　３割の人は知っている知識、３割の人は使えるようなゆるい技術で

あっても双方をかけ合わせれば 30% × 30% = 9% です。それだけで理論上は10人に1人の希少性を目指せることになります。**テーマの絞り込みに独自のアイデアや切り口をかけ合わせて、よりオリジナリティの高いコンテンツを目指しましょう。**

伸びているものを伸ばす

弱者の戦略の基本は差別化ですが、もう1点頭に入れておきたいのが「伸びているものを伸ばすこと」です。

アクセス数が伸びていない理由は、コンテンツがユーザーの意図に沿っていないか、競合が強過ぎるということが考えられます。そこに力を注ぐより、まずは伸びている（ユーザーの意図に沿っている、競合が相対的に弱い）ものをさらに伸ばしたほうが効率よく結果が得られることが多いです。思ったような結果が出ないときや調子が悪いときは力を分散させてはいけません。図5-19のように四象限に状況を整理し、絶対的なアクセス数が少なくても伸びているものをさらに伸ばし「勝てるところで勝つ」努力をしたほうが、よりよい結果が見込めます。

▎図 5-19 / 状況を四象限に整理する

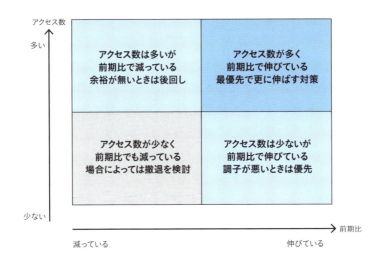

小さな一番を積み重ねる

　オーソリティー化を目指すのであれば、ただライバルに勝てばいいという発想ではいけません。どんなに小さな範囲でもいいので圧倒的に一番といえるものを作るのです。

　なぜそれほど一番にこだわるのでしょう？

・日本で一番高い山は富士山ですが、日本で2番目に高い山は？
・日本で一番広い湖は琵琶湖ですが、日本で2番目に広い湖は？

　昭和の時代から使い古された質問ですが、いまだ１番と２番には大きな知名度の差があるのを実感してもらえると思います。

　また検索順位別のクリック率を見ても1位と２位以下で大きな開きが見られます。

1位：21.12％
2位：10.65％
3位：7.57％

※ 引用元 Announcing: 2017 Google Search Click Through Rate Study（Internet Marketing Ninjas Blog）https://www.internetmarketingninjas.com/blog/google/announcing-2017-click-rate-study/

　物量で一番化することを良しとする時代ではありませんが、インターネット上は「勝者総取り」の世界です。何らかの形でユーザーに一番と認識してもらわなければ露出を増やすことは難しく、「○○といえばこのサイト！」と思い出してもらうことはできないのです。

　ニッチな分野でも構いません。他を圧倒するコンテンツを作り小さくても一番化すること。そして、その小さな一番コンテンツを1つ1つ積み重ねて大きな一番をめざしていきます。

強者の戦略

「弱者の戦略」があれば「強者の戦略」もあります。差別化は後発の参入において特に大事な考え方ですが、ある程度芽が出て追われる立場になったとき、その対処法を知らなければ長く生き残ることはできません。

マーケティングにおけるランチェスター戦略では、強者の戦略をとれるのは市場占有率1位の者だけとされています。市場占有率の概念が曖昧なWebの世界においても「相対的に下位の競合に対する施策」と考えて差し支えないでしょう。

強者の戦略には、広域戦、確率戦、遠隔戦、総合戦、誘導作戦という戦い方があります。これらはすべて弱者の戦略に対応します。要するに、弱者がとる施策を1つ1つ潰して優位性をなくしてしまおうということです。

ミート戦略で包み込もう

ミート戦略とは、格下の競合が弱者の戦略で差別化しようとするとき、同じ施策をとって優位性を消してしまう方法です。競合の長所をすべて取り込み、ライバルの持っている長所は自分のサイトにもすべてあるというようにしておけば、差別化を狙う下位の競合は追いついてくることができません。

ミート戦略をとるときの注意点は2つあります。1つ目は、必ず下位の競合に対して行なうことです。自分のサイトより高い実力のあるサイトを真似しても消耗戦になりかねません。ここで勝とうとしてもたくさんのリソースが必要になり非常に効率が悪いのです。上位の競合に対して行なうのはあくまで差別化戦略です。また実力差が明らかでない場合も弱者の戦略をとるのが基本です。

狙い目は自分のサイトより上位のサイトが持っていないような長所

を、自分のサイトより下位のサイトが持っているときです。その長所を取り込むことで自分のサイトの実力もアップして、より上位のサイトと戦う下地を作ることができます。

もう1つの注意点は、ただ競合の長所を取り入れるだけではなく、十分に改善してから実装することです。コピペ、パクリでは著作権上のリスクがあることはもちろん、劣化コピーになってもそもそも意味がありません。

十分な改善は具体的に、量的なものであれば競合の1.3倍以上を目標にします。それくらいの差があると、ユーザーの目から見ても違いが明らかになり優位に立てます。さらに差が3倍以上になると競合の戦意を削ぎ地位が安定する効果が見られます。

例えば、下位のサイトに用語集のコンテンツがあったとします。その用語集は説明がわかりやすいのですが、30項目しかなく1ページにまとめられる程度の規模だとしましょう。もし自身が取り組めば、同じレベルで100項目に増やし、カテゴリー分けしてさらに探しやすく有用なものが実装できるとします。これなら明らかに模倣の範囲を超えるわけですから躊躇せずやればいいのです。むしろユーザーのためにもやるべきでしょう。

しかし自分がやっても同じように30項目くらいのものしか作れないならばどうすればいいでしょう？　そういった場合は、ユーザーが利用しやすいよう自分のサイトから競合サイトにリンクを張るのも1つの考え方です。

ユーザーに有益な情報の文化圏を作る

質のいい被リンクがついていることはオーソリティーサイトであるための当然の条件です。同様に飛んだリンク先のコンテンツが質のいいコンテンツであることも条件の1つだといえます。ハイパーリンクというものは情報から情報への移動を容易にするためのものであって、サイト

の内か外かはユーザーからするとあまり関係がありません。カバーしきれない情報を補完するための外部リンクは、ユーザーにとって歓迎されるものなのです。

　ライバルサイトにリンクを張り、せっかく自分のサイトに訪れたユーザーを流すということは馬鹿げているようにも見えます。しかし、自分のサイトの情報が主であり、リンク先の情報が副の関係である限りユーザーは必ず戻ってきます。また後で戻るためにブックマークしてくれる可能性もあります。

　リンクを通じてユーザーに有益な情報の文化圏を作ること、そしてその中心に自分のサイトを置き「情報のハブになる」というくらいの気概を持つのもオーソリティーサイトにふさわしい振る舞いだと思います。

　ページ数ばかり多くて質の低いキュレーションサイトは感心しませんが、ハブサイトとして有益な情報へのナビゲーションができるのであれば、その信頼はやがてハブになるサイトにも向かうことになるでしょう。

自身の役割を見つけ磨き上げよう

「戦略」という言葉を使うと殺伐としたイメージになりますが、インターネットにおけるランチェスター戦略は「足りないものがあれば自ら埋めていく」「同じものがあればよりよいものを目指す」という適者生存の法則なのです。インターネットのエコシステム（生態系）の中で自身の役割を見つけ、それを磨き上げていくことこそが長く生き残る方法に他なりません。

　Webサイトのオーソリティー（権威性）というものは結局のところ「ユーザーにとっての存在価値」に収束します。セルフブランディングで知名度を上げることや検索エンジンの方だけを見たSEOに終始するのではなく、いかに**「ユーザーにとって欠くことのできない存在になる**

か？」に目を向けていくことが、長い目で見ればオーソリティーサイトとして安定的な地位を築く近道になるのです。

CHECK!

1. 格上の競合には差別化で対処
2. 格下の競合にはミート戦略で対処
3. インターネットにおける自身の役割を見つけ磨き上げよう

Chapter_6

10年先も安定して稼ぐために

安定してAdSenseで稼ぎ続けるために、
核となる考え方、困難に立ち向かうための
メンタルの保ち方と解決法について
アドバイスをしていきます。

Chapter_6

45 リスクヘッジを意識した
サイト運営

AdSenseをはじめ、アフィリエイトビジネスでの最大のリスクは、検索エンジンによる順位変動です。収益の柱になるサイトが1つしかないと、Googleのアルゴリズムが変わってアクセスが激減すれば、収益が一気に下がってしまい、下手をすると壊滅的なダメージを受ける可能性があります。そのために、予期せぬ事態に備えてさまざまな方法でリスクを軽減させることが必要です。

稼げるサイトのみに固執するのはリスクが高い

　もし1時間後にGoogleのアルゴリズムに大変動が起きて、稼ぎ頭のサイトがすべて検索圏外に飛ばされたとしたら、あなたはそれでもサイト運営を続けられますか？　今まで取り組んできたことをもう一度繰り返すことができるでしょうか？　Googleの変動の影響を受けないサイトなど、現実的には作ることはできません。

　10年先も生き残るためには、リスクヘッジを意識したサイト運営がとても重要です。稼いでいたアフィリエイターが突然消える原因の1つは、アルゴリズムの変更でサイト順位が下がりすべての収益が一瞬でなくなってしまうことです。その結果、金銭的にも精神的にも立ち直れなくなってしまうのです。稼げるサイトができても、そのサイトだけに固執してしまうことはリスキーです。

　調子がよく結果が出ているときは「多少のトラブルが起きても大丈夫！」と自信に満ちあふれていても、いざ調子が悪くなると、一気にマ

イナス思考になってしまうのが人の常です。

　この解決方法はただ1つです。「調子がいいときだからこそ手を休めない」。これは、どんなビジネスにも共通していることです。1つのサイトが成功しても手を休めることなく、次々とサイトを作ることがAdSenseの収益を安定させる上では非常に大切です。

　私は現在、AdSense向けのサイトを8つ、同時に運営しています。約2年で1つのサイト作ってきた計算になります。「8つのサイトもあって更新ができるの？」ということをよく聞かれます。ハイブリッド構造で作ったサイトは順位が長期間安定しやすいため、一度サイトを完成させてしまえば、あとの更新はほとんど必要ありません。つまり、サイト数がどれだけ増えてもまったく問題がないのです。

　Chapter_3で、「サイトのコンテンツを無計画に増やすと、似たようなキーワードで書いた記事が増えてしまう」と説明しました。自分は違うと思っていてもGoogleはそう判断しないこともあります。

　1つの稼げるサイトにこだわってしまうと、似たようなコンテンツを複数作ってしまうことがよくあります。検索上位に上がるのは1つだけです。技術があれば検索結果に同じキーワードで複数のページを表示させることもできますが、アルゴリズムは常に変化するもので、長期的な上位表示は難しいでしょう。

　アクセスが集まるキーワードで似たような記事を同一ドメインに書くのであれば、新しくドメインを取って、そこに記事を入れることでリスクヘッジに繋がります。

　とにかく成功体験ができたら1つのサイトに固執せず、サイトを横展開していくことを心がけましょう。

リスクヘッジ対策①人気カテゴリーをスピンアウトする

　リスクに備える方法はいくつかありますが、私がおすすめするのは、2つのサイトを同時に作りはじめるという方法です。
「1つのサイトでも大変なのに2つだなんて……」と思った方がいるか

もしれません。しかし、物は考え様です。1つのテーマの人気のカテゴリーをスピンアウトさせてしまえばいいのです。

どういうことかというと、「釣り」というテーマでサイトを作る場合なら、「海釣り」をテーマにしたサイトを作り、別のドメインで「川釣り」というサイトを作るといったやり方です。
「釣り」というテーマで海釣りと川釣りの両方のまとめページ（カテゴリーページ）を1つのドメイン内に作ってもいいのですが、順位変動でサイトが検索結果に表示されなくなったときのことを考えると、2つに分けるのが賢明です。
　ユーザーの立場からすると、別々のサイトにすると不便に思うかもしれません。そういうときはそれぞれのトップページに、姉妹サイトとしてリンクを張り合うという方法もあります。
　意図的に張ったリンクが過剰になると、不正と判断され手動対策を受ける可能性もないとは言い切れませんが、個人的にはユーザーの役に立つ相互リンクは特に問題はないと考えています。

　Googleのアルゴリズムについては想像でしか答えられませんが、ユーザーの移動がサイト間で実際に起こっているリンクは、有益で質の高いリンクだと受け取られていると考えています。なぜなら、順位操作のための自演リンクだとユーザーの移動がほとんどないはずだというのがその理由です。あくまで私の個人的な推測ですが、Googleはサイト間のユーザーの動きを見て質のよいリンクと悪いリンクを判断していると考えています。
　私のサイトでも10年以上相互リンクをしていて、今のところ悪影響を受けたことは一度もありません。

　横展開をするときの注意点は、人気がないテーマでの横展開はするべきではないということです。これはChapter_1でも説明しましたが、作業効率が悪くなるためです。

例えば「海釣り」というテーマを「タイ釣り」と「スズキ釣り」に分けると、手間がかかる割にユーザーの数が一気に減ってしまい、効率がかなり悪くなってしまうことは容易に想像できるでしょう。人間に与えられた時間は有限なので、効率も考えた上でテーマを選定することが大切なのです。

リスクヘッジ対策②同じテーマを別ドメインで横展開

「新しくサイトを作る」と聞くと、テーマを変えて作ると思われるかもしれませんが、別に同じテーマでもかまいません。ドメインを変えて似たようなサイトを横展開すればいいのです。その際に注意すべきことは、キーワードを少しずらしたり、サイトの構造を変えたりするということです。理由は、まったく同じようにサイトを作るとアルゴリズムが変動した際に、すべてが同時に影響を受けてしまう可能性があるためです。

別のドメインで同じテーマのサイトを作る最大のメリットは、検索上位を自分のサイトですべて独占できるということに尽きます。

ベスト3を独占できれば7割以上のアクセスを獲得できるため、ライバルの入る余地がなくなります。これは最大のリスクヘッジといえるかもしれません。

この方法は納得がいかないという方もいるかもしれず、やるやらないは個人の判断にお任せします。

ただし、1ついえるのは、市場を独占するのは普通のビジネスでもよくあることで、いいか悪いかはユーザーが判断することなので気にすることはないというのが私の意見です。

例えば、AKB48というグループがありますが、他にもSKE48やNMB48など似たようなグループがたくさんあって、しかもプロデューサーは同じ人物です。しかし、それぞれにファンがついていて、文句をいう人はいません。スマホの販売シェアも同様です。異なるiPhoneシリーズがキャリアの上位を独占しています（マーケティング会社Gfkの

2018年10月度の調査よりhttp://www.gfkrt.com/japan/)。

　つまり、同じテーマで複数サイトを作ることが問題ではなく、支持されない質の低いサイトを量産することに問題があるのではないかと思うのです。

CHECK!

1. 稼げるサイトができても現状に満足しない
2. 人気のカテゴリをスピンアウトさせて新たにサイトを作ろう
3. 新たなドメインで同一テーマを作って市場を独占しよう

Chapter_6

46

サイトの弱点を補って
安定したアクセスを集めよう

テーマによってはアクセスが安定しないものがあります。そのような
テーマのサイトは弱点を克服することで、安定したアクセスを集める
ことが可能です。例えば、お出かけ系のサイトや旅行系のサイトなど
は、天候が悪い日や平日と休日でアクセスの増減が激しくなってしま
います。

常に「逆転の発想」でサイトを作成する意識を

　テーマを選ぶときは、アクセスが安定するものを選ぶことが大切だと
説明してきました。人によっては、自分の得意なテーマがアクセスが不
安定なものしかない、ということもあるかもしれません。

　もしアクセスが安定しないテーマを選ぶときは、**弱点を克服すること
で不安定なアクセスを安定させる**ことを考えましょう。では、サイトの
弱点はどのような方法で克服すればいいのでしょうか？　先ほどのお出
かけをテーマにしたサイトを例に、その克服法を説明しましょう。

　天候が悪い日にアクセスが減ってしまうのであれば、「雨の日のお出
かけ」的なまとめコンテンツを作る、平日にアクセスが減るのであれ
ば、平日限定のお得なイベント系まとめコンテンツを作る。たったこれ
だけのことです。

　他の例として、スキーとスノーボードをテーマにしたサイトを作ると
しましょう。このテーマの需要のピークはもちろん冬です。冬場のアク
セスはかなり期待できるかもしれませんが、夏場のアクセスはゼロに近
くなることは容易に想像できると思います。

273

一見、このような季節案件は弱点の克服が難しそうに思えますが、発想を変えると意外な答えが見つかるものです。夏のスキー場は何をしているかわかりますか？　休業中？　たしかに雪がないとスキーやスノーボードはできません。実は夏のスキー場は、芝生の上を滑るグラススキー場になっているところが多いことはご存知でしょうか。グラススキーをテーマにしたサイトを作ることで、夏場という弱点も克服できるのです。

　ピークに偏りがあるテーマや季節でアクセスが変動するテーマだとしても、逆転の発想でサイトを作るという方法で、リスクヘッジが可能です。先ほどの例の場合はテーマが似ているため同一ドメイン内にカテゴリーを作ればよかったのですが、まったく関連性のないテーマの場合は新たに別のサイトを作りましょう。スキー・スノーボードがテーマのサイトを作ったら、別ドメインで海水浴場のサイトを作るという感じです。

　こうした発想は、常にリスクヘッジを意識しているからこそ生まれるものです。常にリスクヘッジを意識することで、1つのコンテンツを作るときに「リスクヘッジ」対策を同時進行にできるようになっていきます。サイトの安定化のために、リスクヘッジを意識しておくことは欠かせません。

CHECK!

1.　弱点を克服してアクセスを安定させよう
2.　相反するテーマでサイトを作りピークをずらす

AdSenseの最大の敵は
一喜一憂する自分

AdSenseサイトをする上での最大の敵は、アクセスや収益に一喜一憂してしまう自分自身です。アクセスが多いとやる気を出して、逆に少ないと一気にやる気がなくなる……何度も書いていますが、半年から1年以上はコンテンツの評価は確定しなくて当たり前です。数字に振り回されると調子のいいときはペースが上がり、調子が悪くなると途端にペースが落ちる。これって疲れませんか？

サイトが完成するまでは集中して作業を

AdSenseサイトの運営はマラソンとよく似ています。ゴールを見据えれば、淡々と記事を入れ続けることができ、周りの雑音も耳に入らなくなります。ゴールがはっきりすればやるべきこともはっきりする、これだけのことなのです。

この本で紹介している方法で取り組めば、作りはじめたときからゴールが決まっています。サイトがある程度完成するまでは、一喜一憂する暇がないほど集中して作業してください。

お金稼ぎを目標にすると、サイトの方向性を失う

アフィリエイトの場合は、多くのアクセスを集めることよりもCV（コンバージョン）させるページを作ることのほうが重要なのは間違いではありません。多くのアクセスが必要なければコストや労力が少なく済みますし、万が一変動の影響を受けたとしても新しくサイトを作ればいいだけです。しかしAdSenseサイトの場合はアクセスを増やさないと

収益は絶対に増えません。ここがモチベーションを維持することが難しい最大の要因です。だからといって、一時的な莫大なアクセスやお金稼ぎが目的になると、サイトの方向性を見失って徒花に実は生らずとなってしまいます。

これまで何度も繰り返してお話ししてきましたが、積み重なるコンテンツが作れていれば、結果がすぐに出なくてもまったく問題はありません。小さなことでも正しいやり方で積み重ね続ければ、あなたの想像を超える大きな結果につながるのです。

メンタルは文章に表れる

アクセスがほとんどない、収益がまったく上がらない、この状態が半年、1年と続くと、モチベーションが下がります。私も新しくサイトを作成するときはいつもそうなので、気持ちはとてもわかります。

サイトを作りはじめた当初は、アクセスなどほとんどありません。でも、誰もがここからはじまるのです。

自転車に乗って走るときを想像してみてください。走りはじめのときは大きなパワーが必要で走る速度も遅いのですが、いったん走り出して勢いがつくとスイスイと楽に前に進むことができます。サイト運営もそれと同じです。

すぐに結果が出なくても、画面の先にいるユーザーを考えてサイトを作ることを忘れないようにしましょう。仮に時間がかかったとしても、そうした意識で作成されたサイトであれば、いずれはユーザーにも、Googleにも評価されていきます。結果は気にせず、どんどん記事を書きましょう。

それでもめげずに記事を入れ続けていくと、1人、1人から2人と、少数ですが、ユーザーがいつしか来てくれるようになるはずです。

小さな成功を喜ぶことができる人ほどAdSenseに向いています。たとえ小さな成功であっても、時間を重ねればやがて成果が積み重なり大きな結果を得ることができると信じて前に進みましょう。

言葉や文章には、その人の気持ちが宿っています。悩みながら記事を書くと、自分では気づかぬうちに、ユーザーが不安になる内容や表現になってしまっていることがよくあります。調子がいいときは「○○しよう！」という前向きな表現になりますが、調子が悪いときは「○○しなければならない」とマイナスの表現になってしまうなどです。

　たかが文末1つとっても、書く人のメンタルで人に与える印象は大きく変わるものなのです。

　記事には書いている人のメンタルが表れるものです。お金やアクセス数をモチベーションにしてしまうと、メンタルが浮き沈みしやすく、記事にその想いが出てしまうことがあるので注意しましょう。

CHECK!

1. 目先の数字を目標にしない
2. 結果を気にするといい文章が書けない
3. 結果を気にせず淡々と記事を入れていこう

Chapter_6

48 躓きそうになったときの対処法

成功体験がないうちは心が何度も折れそうになり、迷いも出るかもしれません。迷ったときは、「サイトを作った当初の目的」を思い出して、原点に立ち戻りましょう。

たった1人でもサイトに来てくれて、うれしかった気持ち

「こんなサイトがあったら便利だよな」「こんなサイトがあったら多くの人の役に立つよね」。サイトを完成させたその先にはユーザーの喜ぶ顔がはっきりと見えていますか？　目先の数字に追われると、質の高いサイトは作れません。すぐに数字が増えなくても画面の先のユーザーを考えてサイトを作れば、たとえ時間がかかっても、必ずユーザーにもGoogleにも評価されるから大丈夫です。

作り手の想いは文章に現れる……ユーザーのことをどれだけ真剣に考えてサイトを作り記事を書いているか、その思いが誠実で思いが強ければ強いほど、読み手の心を動かします。

自分本位ではなくユーザー側の視点でサイト運営を考えるとは、次のような考え方をすることです。

✖　収益を得るためにページ数を増やす
○　このページを増やせばユーザーがより便利になる

✖　おしゃれなテンプレートにすれば売れる
○　ユーザーが使いやすい（ユーザビリティのいい）テンプレートに変えてみよう

278

結果が思うように出ないときは努力の方向性が間違っているのかもしれません。お金を稼ぐことや儲けようとすることは悪いことではありませんが、誰かの役に立つサイト、社会に貢献するサイトを作ることで先にユーザーに評価され、結果は後からついてくるものです。

「言霊」という言葉をご存知でしょうか？　言葉や文章には書き手の心が宿り、よくも悪くもひきつける力があるといわれています。

　書いている人の気持ちが文章には表れるものです。どういう気持ちで記事を書いているかが重要です。**記事を書くのは、人の喜ぶ顔が見たいから？　お金を稼ぎたいから？　あなたが書く記事に、あなたの想いが表れています。**

　サイトを立ち上げたばかりのころは、ユーザーが1日1人しかやってこない日もあるでしょう。そのときに、1人でもサイトに来てくれるなら、そういう気持ちであなたは一生懸命記事を書くことができますか？

　たった1人でもサイトに来てくれたことを喜べる気持ちがあれば、次もいい記事が書けるはずです。その記事の積み重ねが大きな結果につながっていくのです。

他人と比較しない

　セミナーなどに参加して成功者の話を聞くと、いかにも簡単そうに結果を出していて、「この方法で合っているのだろうか」「今のやり方を続けても成功するのだろうか」など、自分のやっていることが不安に思えてくることがよくあります。

　アフィリエイトやブロガー界の成功者の一部には、「これだけ努力してきました」「寝る時間を惜しんでやりました」といった話が多いため、どうしても焦りが出てしまうのです。成功者はそれなりの努力はしていると思いますが、ちゃんと寝ていますし、遊んでいます。

「努力」という言葉は、結果を出していない人が聞くとさぞかし大変なことをしているのだろうと想像するかもしれませんが、必ずしもそうで

はありません。例えば、プロスポーツ選手が「自分は努力している」と自らいうでしょうか。一流の人ほど「努力している」とはいわないでしょう。結果を出している人は努力を努力とは思っておらず、辛さや苦しさを忘れるほど夢中になっているだけなのです。本人はいい結果が出ると信じているからこそ、トレーニングそのものが努力ではなく楽しいことなのです。努力とは本人が過去を振り返ったときや周りの人がいう言葉なのではないでしょうか。

　大事なことは「人と比べないこと」です。他人と比べる物差しなどまったく必要がないのです。「自分なら絶対に大丈夫、できる」「必ず自分は結果が出せる」と自分に言い聞かせて自分の成功を信じ抜くことができるか？　このメンタルがとても大切です。そこでポイントになってくるのが、最後までやり抜くという「決断」です。

　決断ができてさえいれば、他人のやり方を見ても迷うことがなくなります。迷いがなくなれば、人の意見を聞いて自分の考え方がコロコロ変わることはありません。成功している人のセミナーに出ることはモチベーションというスイッチは押してもらえるかもしれませんが、実際に行動に移せるかは自分の意志次第ということを忘れないようにしましょう。

CHECK!

1. 収益のためではなく、ユーザーのために
   サイトを運営する気持ちを大切に

2. 人と比べず自分の成功を信じよう

3. 最後までやりきるという決断をすれば迷いはなくなる

Chapter_6

49

サイトが安定する情報が集まる思考

安定したアクセスが集まるサイトを作るためには、どうすればいいのか？　こうした意識を常に持ち、情報アンテナを立てておく姿勢が大切です。

自分がほしい情報のアンテナを常に立てる

　街中で自分の好きなアーティストの曲が流れると、耳に入るといった経験はないでしょうか？　それは、あなたがそのアーティストのことを常に意識しているからです。そのアーティストを知らない人は、流れていると気づかないのです。

　情報も同じです。**自分がほしい情報のアンテナを立てていると、これまでになかった情報が次々と飛び込んでくる**ようになっていきます。

　私は副業でアフィリエイトをやっていた期間が長く、専業者たちに比べると、圧倒的に作業できる時間が少ない状況の中で結果を求めていました。いかに効率よく時間を使い、効果的に稼げるかという情報を集めるアンテナを立てて取り組んでいたのです。

　その考えをもとに10年以上コンテンツを作り続けたことで、少ないコンテンツで莫大なアクセスを集めるコツを身につけることができました。もし私が一瞬の莫大なアクセスを集めることを考えていたら、違う結果になっていたでしょう。

　何が自分にとって重要なのかを考えながらサイトを作ることは将来の結果に必ず反映されるのです。

Chapter_6

30

アクセスが集まるオーソリティーサイトを作ることで、可能性が広がる

最終的に、アクセスが集まるオーソリティーサイトを作ることができれば、お金を稼ぐ目的以外にもさまざまな可能性が拡がります。

ユーザーは記事を誰が書いたのかを見ている

どうして1つのテーマで1つのサイトを作るのかというと、専門性を高め、ユーザーの信頼を得るためというのが最大の理由です。

さまざまなテーマを詰め込んだサイトは、例えるなら週刊誌のようなものです。

一方、テーマが1つに絞られた専門家（実体験者）が書く記事の集合体は、いってみれば専門書や辞書のような価値を持っています。

週刊誌は読み終わったらほとんどの場合処分されますが、専門書や辞書は本棚に大切にしまってもらえます。この違いは本当に大きいと私は感じています。

ネットユーザーの中には、調べ物をするときに運営者の情報を見る方もいます。いったいどんな人物が書いているのか？　この情報の根拠（出所）は何なのか？　こうした裏を取る人が多い理由は、ネットの情報に信ぴょう性が薄く、偽物の情報も多く含まれているということを、なんとなく気づいているからでしょう。

どういう人物が何を根拠に記事を書いたのかは、優良な情報かどうかの1つの指針になっています。

当然、ユーザーは根拠のない情報に振り回されたくはありません。無

駄な時間を過ごすことになるからです。根拠のない単なる思い込みで書かれた記事は、誰からの信用も得られませんし、ユーザーからゴシップブログの烙印を押されると、時間が経つにつれ見る人も少なくなっていくでしょう。

自分の作ったサイトが多くの人に影響を与えるということを自覚して、根拠がある正しい情報を発信しましょう。

特定のユーザー層が集まるネットワークを作る

アクセスが集まるサイトがあるというのは、巨大なネットワークを持っているのと同じことです。ネットワークというよりは、ファンクラブといったほうがわかりやすいかもしれません。テーマを1つに絞った専門性の高いオーソリティーサイトは、特定のユーザー層が集まるネットワークになりやすいという特徴があるのです。

例えば、サイト内に読み物系のコンテンツを作って、テーマに沿った商材をそこで紹介すれば、成果報酬のアフィリエイトと両立させることが可能です。うまくいけば、そのテーマの商品やサービスを扱う企業から、純広告の話がもらえる可能性もあるでしょう。

また、**そのテーマの専門家として認められれば、ネット上から離れた収益へつなげる事業展開も可能です。**ユーザーを集めてセミナーを開催したりワークショップを開催したりもできますし、テレビやラジオ出演、雑誌や本の出版といったメディアへの進出もあるかもしれません。

ネットワークを持つことで可能性が無限に広がります。どのようにネットワークを使うかはあなた次第なのです。

CHECK!

1. 情報は責任をもって発信しよう
2. ネットワークがあれば可能性は無限大

おわりに

　ここまで読んでいただき、ありがとうございました。

　AdSenseサイト運営の初級レベルを卒業したい人や中級レベル以上を目指している人を対象に書いてきましたが、この本を手に取った方の中には、まだはじめたばかりの人もいるはずです。初心者にとっては難しい内容もあったかもしれません。

　この本を出すにあたって「どのような内容にするのか」を著者が集まってディスカッションした際、いくつか共通した意見が出ました。その1つは、「10年先にも通用するノウハウ本にしよう」というものです。これまで何冊ものAdSenseについてのノウハウ本がありましたが、出ては消えといった状況が繰り返されています。本書では、「似たようなコンテンツはいくつも必要ありません。ナンバー1ではなくオンリー1を目指しましょう」という考え方を述べています。誰でも書ける内容で勝負すれば、後から出てくるものに必ず負けてしまうからです。

　10年先も生き残るノウハウについて書かれた本がわずか数年で消えてしまっては、どれだけ素晴らしい内容で書かれていたとしても説得力がありません。10年先もこの本を手元に置いてもらえる内容にしよう、この本には著者のその想いが込められています。

　もう1つ、話し合った結果、「自分たちにしか作れないコンテンツにしよう」と意見が一致しました。今回は共著という形で出版することになりましたが、それぞれが単独で出版することも可能だったかもしれません。ただ、それでは無知蒙昧な内容にしかならなかったはずです。それぞれの分野で活躍する4者が共著で書いたからこそ、世界に1つしかないコンテンツが出来たのだと自負しています。

　この本を書き終わった後に頭に浮かんだのは、4人の出会いは偶然で

はなく必然だったのではないかということです。日本アフィリエイト協議会（JAO）のセミナーで知り合ったのが、Chapter_5を書いたa-kiさんと編集で携わっていただいた染谷さん、その染谷さんに誘われたAdSenseセミナーで知り合ったのがChapter_4を書いた石田さん、もしこの4人が出会っていなかったとしたらこの本は世に出ることはなかったはずです。

　本書には、AdSenseサイトを安定させて伸ばすノウハウの他に、サイト運営を続けていく中で、ぶつかりやすい悩みや疑問の解決策をたっぷりと詰め込んであります。今は理解できなかったとしても、次のステップへ進んだときにもう一度読み直すと、今とは違う答えを導き出せるでしょう。サイト運営は何年たっても新しい気づきや発見があるのから面白いのです。

　私が好きな言葉に、「花よりも花を咲かせる土になれ」というものがあります。これは元メジャーリーガー松井秀喜さんの出身校・星稜高校の恩師である山下智茂元監督の著書『心が変われば』（朝日新聞出版社）の一説に出てくるフレーズです。今、私がこの場所にいることができているのは、多くの方の支えがあったからです。この本が多くの人の土になれると信じています。

　この本を出版する機会を与えてくださった日本実業出版社のみなさま、本書の中でサイトを紹介させていただいたみなさま、そしてこの本を手に取ってくださった読者のみなさまに心から感謝いたします。

のんくら（早川 修）

のんくら（早川修　はやかわ　おさむ）

1973年8月5日滋賀県生まれ。アフィリエイト黎明期の2003年からサイト運営をはじめる。収益の6割以上がアドセンスという「アドセンサー」の先駆者。日本アフィリエイト協議会の「アフィリエイトValuablePlayer2016アフィリエイター部門」を受賞。アフィリエイトの他、企業や個人のウェブサイトのプロデュース＆コンサルティング、企業アプリのデータ開発におけるエグゼクティブアドバイザーを務めるなど幅広くIT業界で活躍中。Webサイト制作やマネタイズに関するワークショップの開催、ASP主催のセミナー講師の実績あり。

a-ki

本業のかたわら2000年ごろより趣味のギターをテーマにしたWebサイトの運営を開始。同テーマでは誰もが一度は見る定番的なサイトと認知され、現在に至るまで安定的なアクセス数を維持している。ブログに片寄り過ぎた個人サイトの運営方法に疑問を感じ、個人の知を後進にアーカイブするための「情報サイトのオーソリティー化」を提唱している。

石田健介（いしだ　けんすけ）

2004年ヤフー株式会社入社、ショッピング事業部にてマーチャント向けインターネット広告の企画・運用業務に携わる。2007年からGoogle株式会社に入社、AdSenseチームにて広告収益向上のコンサルティングを行なう。2015年にGoogleを退社して独立。現在はwebサイト・アプリの広告収益向上コンサルティングを行うなど精力的に活動中。著書に『本当に稼げるGoogle AdSense』(ソーテック社)がある。

染谷昌利（そめや　まさとし）

1975年生まれ。12年間の会社員生活を経て、インターネットからの集客や収益化、アフィリエイトを中心としたWEB広告の専門家として独立。書籍執筆、企業や地方自治体のアドバイザー、講演活動も行なう。『ブログ飯』(インプレス)、『世界一やさしいアフィリエイトの教科書1年生』『Google AdSense成功の法則57』(いずれもソーテック社)、『複業のトリセツ』(DMM PUBLISHING)など著書多数。

Google AdSense マネタイズの教科書[完全版]

2018年11月20日　初 版 発 行
2018年12月20日　第 4 刷発行

著　者	のんくら　©Nonkura 2018
	a-ki　©a-ki 2018
	石田健介　©K.Ishida 2018
	染谷昌利　©M.Someya 2018

発行者　吉田啓二

発行所　株式会社 日本実業出版社　東京都新宿区市谷本村町3−29 〒162−0845
　　　　　　　　　　　　　　　　大阪市北区西天満6−8−1 〒530−0047
　　　　編集部 ☎03−3268−5651
　　　　営業部 ☎03−3268−5161　振　替　00170−1−25349
　　　　　　　　　　　　　　　　https://www.njg.co.jp/

印 刷／厚 徳 社　　　製 本／共 栄 社

この本の内容についてのお問合せは、書面かFAX（03−3268−0832）にてお願い致します。
落丁・乱丁本は、送料小社負担にて、お取り替え致します。

ISBN 978−4−534−05644−3　Printed in JAPAN

日本実業出版社の本

ホームページの制作から運用・集客のポイントまで
小さな会社のWeb担当者になったら読む本

山田案稜 著
定価 本体 1600円（税別）

専門知識を持たない小さな会社が「売上につながる」Webサイトをつくるために、基本デザインからSEO、Web広告、SNSの使い方、業者の選び方や適正費用の判断基準まで、現実的な施策を解説。

無料でカンタン！ 儲かる飲食店に変わる
「Googleマイビジネス」超集客術

戎井一憲 著
定価 本体 1500円（税別）

集客に悩み、宣伝、PRの予算が厳しい飲食店のオーナーさん必読！ 無料でGoogleのトップに表示させて、来客数を一気に増やす方法を解説します。お金をかけずに、短期間でお店のWeb対応とIT化を実現させる方法が一気にわかる1冊です。

ここをチェック！
ネットビジネスで必ずモメる法律問題

中野秀俊 著
定価 本体 1700円（税別）

IT・ネットビジネスを成功させるために絶対必要な法律知識をやさしくポイント解説。起業から軌道に乗せるまでの時系列に沿って、基本的な法律問題や手続きから日進月歩の業界事情に対応した時事的な問題までを網羅した、業界関係者必読の一冊です。

小さな会社＆お店でも低コストで集客できて売上アップ！
Facebook広告 完全活用ガイド

佐藤雅樹 著
定価 本体 1500円（税別）

驚異のターゲティング精度を誇り、「届けたい人」「届けたい層」にのみ配信できるFacebook広告の基本操作から疑問、最新の成功事例までが一気にわかる！ 小さな会社・お店でも低コストで集客でき、売上アップを実現するノウハウをやさしく解説します。

定価変更の場合はご了承ください。